난독의 시대

난독의 시대

박세당 · 박세호 지음

문해력 붕괴
어떻게
해야 할
것인가?

내가 워드플레이어를 고 미리 대비하기 위해 를 만들어낼 수 있는 내심 염려스러웠다. 그러나 겠다. 내 염려의 핵심은 '디지털 문서' 다. 그런데 누가 그걸 일일이 읽 보가 홍수처럼 쏟아져 나오겠지만, 정 면면히 이어온 인류사의 발전이 이어 중 어릴 때 받았던 독서 훈련이 떠올랐다 는데, 그 훈련 덕에 글을 꼼꼼히 읽는 습관이 면 어떨까 하는 생각이 들었다. 디지털 문서 로 눈은 가만히 있고 글자가 움직여 눈이 수동적 먹거나 줄을 건너뛰는 일은 방지할 수 있지 워드플레이어다. 워드플레이어는 디지털 문서에서 정독精讀(정교하게 읽음), 나아가 정속독精速讀(정 교하고 빠르게 읽음)을 할 수 있도록 고안된 발명 심각하게 대두하지 않아서 일반인은 물론 정부조 실을 아랑곳하지 않고 한컴과 접촉하여 아래아 한글에 숱한 시행착오 속에 무려 6년이라는 시간을 보냈다 은 그간의 연구 결과를 정리한 일종의 보고서로

난독의 시대를 예견하 를 사용해 누구나 문서 가 만들어낼 문서의 홍수가 면 예견이고 대비일 수도 있 모니터에서 읽고 처리해야 한 업혁명의 도래와 함께 온갖 정 게 활용할 수 있겠나. 자칫하면 있으리라는 생각마저 들었다. 그러던 단어에 맞추어 빠르게 굴리는 방법이었는 움직이는 이 방법을 현재 상황에 적용해보 고 있으니 어렸을 적 훈련 방법과 반대 하는 개념은 어떨까? 그러면 단어를 빼 해서 탄생한 것이 '단어가 동영상처럼 움직이는 이다. 하지만 당시는 지금만큼 문해력 붕괴 문제가 의 필요성을 제대로 느끼지 못했다. 나는 그런 현 기능을 심으려는 무모한 도전을 감행했고, 그리고 마침내 실질적인 성과를 거뒀으며, 이 책 발전의 걸림돌 난독, 해법은 분명히 있다.

다산스마트에듀

인류 발전의 걸림돌 난독, 해법은 분명히 있다

— ● ● ● —

내가 워드플레이어에 대한 아이디어를 떠올린 것은 25년 전의 일로, 오늘 같은 난독의 시대를 예견하고 미리 대비하기 위함은 아니었다. 당시는 PC가 널리 보급되고 워드프로세서를 사용해 누구나 문서를 만들어낼 수 있는 시대로 접어든 지도 한참 지난 시점이라 앞으로 인류가 만들어낼 문서의 홍수가 내심 염려스러웠다. 그러다가 문득 떠올린 아이디어이니, 이 점에서 보자면 예견이고 대비일 수도 있겠다.

내 염려의 핵심은 '디지털 시대에 인간은 필연적으로 전자 문서를 모니터에서 읽고 처리해야 한다. 그런데 누가 그걸 일일이 다 읽을 수 있을까?' 하는 점이었다. 4차 산업혁명의 도래와 함께 온갖 정보가 홍수처럼 쏟아져 나오겠지만, 정작 그것을 읽지 못한다면 어떻게 활용할 수 있겠는가. 자칫하면 면면히 이어져 온 인류사의 발전이 이대로 정체기를 맞을 수도 있으리라는 생각마저 들었다.

그러던 중 어릴 때 받았던 독서 훈련이 떠올랐다. 눈알을 책의 모든 단어에 맞추어 빠르게 굴리는 방법이었는데, 그 훈련 덕에 글을 꼼꼼히 읽는 습관이 몸에 배어 큰 도움이 됐다. 이 방법을 현재 상황에 적용해보면 어떨까 하는 생각이 들었다. 디지털 문서는 위치 정보를 가지고 있으니 어렸을 적 훈련 방법과 반대로 눈은 가만히 있고 글자가 움직여 눈이 수동적으로 따라가게 하는 개념은 어떨까? 그러면 단어를 빼먹거나 줄을 건너뛰는 일은 방지할 수 있지 않을까? 그래서 탄생한 것이 '단어가 동영상처럼 움직이는 워드플레이어'다.

워드플레이어는 디지털 문서에서 정독精讀(정교하게 읽음), 나아가 정속독精速讀(정교하고 빠르게 읽음)을 할 수 있도록 고안된 발명품이다. 하지만 당시는 지금만큼 문해력 붕괴 문제가 심각하게 대두하지 않아서 일반인은 물론 정부조차 그 필요성을 제대로 느끼지 못했다. 나는 그런 현실을 아랑곳하지 않고 한컴과 접촉하여 아래아한글에 이 기능을 심으려는 무모한 도전을 감행했고, 숱한 시행착오 속에 무려 6년이라는 시간을 보냈다. 그리고 마침내 실질적인 성과를 거뒀으며, 이 책은 그간의 연구 결과를 정리한 일종의 보고서라고도 할 수 있다(특히 5장에는 실제 변화 사례를 담았다).

'난독'으로 알려진 후천성 독서 장애가 우리나라에서 현실적인 문제로 다가온 것은 아이폰이 국내에 상륙한 2010년 이후의 일이다. 우리나라만이 아니라 디지털 기기, 특히 스마트폰 사용이 일상이 된 모든 나라에는 필연적으로 난독의 쓰나미가 몰아칠 수밖에 없다. 이 또한 너무나 흥미로운 주제라서 따로 정리해두었으니 2장 난독의 시대 중 '난독 연대기'를 참조하시기 바란다.

난독의 시대는 인류가 미처 준비할 새도 없이 들이닥쳤다. 교육계의 누구를 만나든 그저 당황한 기색만 역력할 뿐 누구 하나 해법을 이야기하지 못하는 것도 그 때문이다. 나는 지난 20여 년 동안 정독과 정속독을 하지 않으면 인류가 생성한 엄청난 디지털 문서를 절대로 소화할 수 없다고 설파하고 다녔다. 또한 디지털 기기로 인한 후천성 독서 장애 문제를 공론화하고 이를 해결할 방법이 있다고 떠들고 다닌 지도 벌써 10년이 넘는다.

'문해력 저하'라는 이름으로 문제의 핵심이 조금 비껴갔지만 근본 뿌리는 어디까지나 '난독'이고 이 문제를 풀어야 한다. 지금의 문해력 붕괴 현상은 핵심 원인인 디지털 기기에 의한 독서 장애에 대해 정부 및 교육계가 관심과 지원을 아끼지 않으면 쉽게 끝낼 수 있다.

이 책이 출판되고 나면 아마도 사정이 좀 달라질 것이다. 공저자인 박세호는 단어 암기에 탁월한 효과가 있는 '덜컥이'의 발명자(특허권자)다. 또한 미국 조지아텍 신경과학과 재학 당시부터 자신이 어릴 적 경험한 메타쉐도잉 영어 학습법을 체계화하는 데 깊이 천착해왔으며, 세계적인 인지뇌과학자인 스타니슬라스 드앤 Stanislas Dehaene 교수와 마크 세이덴버그 Mark Seidenberg 교수의 책을 비롯하여 관련 논문 수백 편을 리뷰해왔다. 그 내공이 이 책에 모두 녹아 있다. 이 책에 담긴 대부분의 주장은 그에 합당한 학문적 연구 결과를 바탕으로 한 것이고, 짧은 행간을 합리적 추론과 그간 학생들을 교육한 경험으로 채웠다.

우리보다 연구가 앞서 있는 미국조차 교육학과 뇌과학 간에 유기적 연대가 이뤄지지 않아 학문과 교육 일선이 분리되어 있었다. 아마존과 반스앤노블 같은 세계적 도서 유통 업체마저 이 분야에 크게 관심을 기울이지 않았다. 그런데 드디어 2022년 5월, 뉴욕시가 중심이 되어 난독 현상을 치료하는 데 예산을 풀기 시작했다. 미국의 주 정부가 가장 먼저 나선 것이다. 선례가 생겼으니 그 파도가 이제 곧 한국에도 닿을 것이고, 우리 교육계에도 큰 변화가 일어날 것이다. 그 변화의 출발점이자 앞으로의 방향성을 도출하는 데 이 책이 제 몫을 다하리라고 자부한다.

이 책이 세상에 나오는 데 가장 크게 기여하신 분은 다산북스 김선식 대표님이다. 누구보다 먼저 콘텐츠의 가치를 알아보고 원고를 요청하셨는데, 그러지 않았다면 아무리 준비가 되어 있었더라도 책이 이 정도로 빨리 출간되진 못했을 것이다. 원고를 쓰는 동안 마음속에서 그에 대한 부담을 떨친 적이 한순간도 없었음을 고백한다. 책임은 나눠 지는 것이니까.

성장한 아들과 함께 원고를 완성하는 과정은 예상과 달리 흥분되고 신나는 순간이었다는 사실도 고백한다. 본문 3장에서 세세히 설명했듯이, 인간의 뇌 속에 신이 준비해둔 도파민이 지속적으로 분비되는 나날이었다. 앞으로 기술이 더욱 발전하고 새로운 사례들이 축적되면서 지속적으로 업그레이드하고 수정해나가겠지만 지금까지의 조사와 검색, 수십 년의 경험과 관찰 과정을 오롯이 진실하게 담고자 노력했다.

이 책을 통해 독자는 '난독'이라고 불리는 후천성 독서 장애 현상이 무엇인지 깊이 이해하게 될 것이며, 인류가 이를 극복하고자 노력해온 오랜 역사도 알게 될 것이다. 자신의 전공 분야가 무엇이건, 이 책을 읽은 경험만으로도 인간의 뇌가 책을 대하는 전체 과정에 대해 일가견을 가지게 될 것이다. 또한 무엇이 문제가 되어 우리와 우리의 자녀들이 책을 못 읽고 책을 멀리하게 되었는지, 학교 교육이 이 부분에 얼마나 준비가 덜 되어 있는지도 알게 될 것이다. 거기서 그치지 않고, 독서 장애를 어떻게 판단하고 어떻게 고칠 수 있는지에 대해서도 과학적 근거를 바탕으로 확신하게 될 것이다.

내가 존경하는 위스콘신대학교 매디슨 캠퍼스의 마크 세이덴버그 교수의 인상 깊은 발언을 소개하고 싶다.

"교육의 장애 요인 중 첫째는 학계 간 교류가 원활하지 않다는 것이다. 둘째는 교사들의 동기를 북돋울 만한 끈질긴 감각의 부재다. 현대 사범학교에서는 방법론은 개인과 문화의 특성에 달려 있기 때문에 (따로) 가르칠 수 없다는 우려가 팽배해 있다. 셋째는 교육이 가진 영향이 사회경제적 힘에 비해 미미하다는 인식이다. (가설을 세우고, 탐구하고, 증명하는) 과학 정신의 부재 또한 교육계를 망치고 있다."

한마디로, 이런 얘기다.

**교육계는 과학적 결과물을 등한시하고
학계는 일선 교육에 관심이 없다.
그 피해를 학생들이 고스란히 떠안았고
지금과 같은 난독의 시대를 맞이하게 되었다.**

끝으로, 졸지에 아비의 호출을 받아 한 학기를 휴학하고 이번 여름과 가을을 월화수목금금금으로 나와 고락을 같이해온 아들이자 동지 박세호 작가와 영혼의 동지인 아내에게 이 책을 바친다. 사랑하고, 고맙다. 또한 난삽한 글을 멋지게 다듬어준 편집자님과 처음부터 끝까지 온갖 수고를 마다하지 않고 애써주신 김재민 팀장님께도 감사드린다.

2022년 10월

난독과 문해력 연구소에서

박세당

📖 차례

1장 ● 문해력이 붕괴하고 있다

2장 ● 난독의 시대

3장 ● 우리 뇌의 메커니즘과 난독의 진단

4장 ● 난독은 고칠 수 있다

5장 ● 20시간 난독 치료의 기적

문해력이
붕괴하고 있다

내가 워드플레이어해
고 미리 대비하기 위...
를 만들어낼 수 있는...
내심 염려스러웠다. 그러...
겠다. 내 염려의 핵심은 '디...
다. 그런데 누가 그걸 일일이 읽...
보가 홍수처럼 쏟아져 나오겠지만, 정...
면면히 이어져 온 인류사의 발전이 어...
중 어릴 때 받았던 독서 훈련이 떠올랐다...
데, 그 훈련 덕에 글을 꼼꼼히 읽는 습관...
면 어떨까 하는 생각이 들었다. 디지털 문서...
로 눈은 가만히 있고 글자가 움직여 눈이 수동...
먹거나 줄을 건너뛰는 일은 방지할 수 있지...
워드플레이어'다. 워드플레이어는 디지털 문서...정독精讀(정교하게 읽음), 나아가 정속독精速讀(정
교하고 빠르게 읽음)을 할 수 있도록 고안된 발명...하지만 당시는 지금만큼 문해력 붕괴 문제가
심각하게 대두하지 않아 일반인은 물론 정부조...필요성을 제대로 느끼지 못했다. 나는 그런 현
실을 아랑곳하지 않고 한컴과 접촉하여 아래아 한글에...기능을 심으려는 무모한 도전을 감행했고,
숱한 시행착오 속에 무려 6년이라는 시간을 ...고 마침내 실질적인 성과를 거뒀으며, 이 책
은 그간의 연구 결과를 정리한 일종의 보프로그...발전의 걸림돌 난독, 해법은 분명히 있다.

난독의 시대를 예견하
...사용해 누구나 문서
...만들어낼 문서의 홍수가
...면 예견이고 대비일 수도 있
...를 모니터에서 읽고 처리해야 한
...산업혁명의 도래와 함께 온갖 정
...게 활용할 수 있겠는가. 자칫하면
...있으리라는 생각마저 들었다. 그러던
...단어에 맞추어 빠르게 굴리는 방법이었는
...입니다. 이 방법을 현재 상황에 적용해보
...있으니 어렸을 적 훈련 방법과 반대
...게 하는 개념은 어떨까? 그러면 단어를 빼
...해서 탄생한 것이 '단어가 동영상처럼 움직이는

문해력 붕괴의 현장, 2022년 대한민국

최근 서울 모 만화 카페에서 트위터에 게재한 작가 사인회 관련 안내문이 화제가 됐다. '작가 사인회 예약을 받는 과정에서 실수가 있었고, 불편을 끼쳐드려 죄송하다'라는 내용으로, 일상생활에서 흔히 볼 법한 안내문이었다. 그런데 이 트윗에 달린 댓글들이 너무나 예상 밖이었다. 심각한 문해력 결핍을 보여주는, 이른바 한 편의 블랙 코미디를 방불케 했다. 오죽하면 언론사들이 기사로 다루기까지 했겠는가.●

● 〈국민일보〉, https://news.kmib.co.kr/article/view.asp?arcid=0017393420&code=61171811&sid1=cul; 〈조선일보〉, https://www.chosun.com/politics/politics_general/2022/08/22/DS3FYNXBJVBL5JHMHZF3ZKS6CA/; 〈한국경제〉, https://www.hankyung.com/society/article/2022082170237

카페 홍대

[사인회 예약 관련 안내]
사인회 예약이 모두 완료되었습니다.
예약 과정 중 불편 끼쳐 드린 점 다시 한 번 **심심한 사과** 말씀 드립니다.
사인회 예약이 확정되신 분들께는 다음 주 초 중에 사인회 순번 및
도착 시간 관련 안내 문자를 발송해 드릴 예정입니다. 감사합니다.

> 17분
> **심심한 사과?** 난 하나도 안 심심해 지금 어 재밌어^^
> 니네 대응이 아주 재밌다^^ ㅎㅎㅎ 그리고 끝이냐

> 22분
> 아 다르고 어 다른데 **심심한 사과**의 말씀은 ㅋㅋㅋㅋㅋㅋ
> 어느 회사가 사과문에 심심한 사과를 줌 ㅋㅋㅋㅋㅋㅋ

> 42분
> **심심한 사과...** ㅎㅎ
> 이것때매 더 화나는데...
> 꼭 '심심한'이라고 적으셔야했나요?

> 50분
> **심심한 사과**가 뭐야?? 심심해서 사과한다는 뜻임?

보다시피 아주 평범한 공지글이다. 그런데 이 중에서 '심심한 사과'라는 문구에 누군가가 댓글을 달았고, 댓글 행렬이 이어졌다. 난독이 드디어 개그가 되어 우리 앞에 떡하니 나타난 것이다.

'심심한 사과의 말씀을 드린다'라는 말은 알다시피 '매우 깊고

간절하게 죄송하며 용서를 구한다'라는 뜻인데 이들은 이를 '지루하다'라는 뜻의 '심심한'으로 잘못 받아들이고 글쓴이를 비아냥거렸다. 논란이 커지자 해당 카페 측이 '심심한 사과'를 '진심으로 사과'라고 수정해 다시 공지하는 웃지 못할 해프닝도 벌어졌다.

심지어 이 사건을 주제로 작성된 한 신문 기사에서는 마치 대통령이 직접 나서서 해결 방안을 제시한 것처럼 호도하기도 했다. 국무회의 안건을 다루면서 "전 세대에 걸쳐 디지털 문해력(소프트웨어 프로그램 운용 및 작성 능력)을 높일 수 있는 교육 프로그램들도 체계적으로 제공돼야 할 것"이라고 한 대통령의 지시사항을 "온라인상에서 문장의 뜻을 정확하게 파악하지 못하는 문해력 논란이 벌어지자 윤 대통령까지 '문해력 향상'을 언급하고 나선 모습이다"라고 쓴 것이다. 이 또한 국어 실력 '문해력'과 '디지털 문해력(소프트웨어 운용 능력)'을 같은 개념으로 착각한 결과다.

사실 문해력이 문제가 된 것은 어제오늘 일이 아니다. 한때 네이버에서는 '사흘'이 실시간 검색어 1위에 오른 적도 있다. 단어에 '사'가 들어가니 '4일'이 아니냐는 것이다. 그뿐인가. '지구력'의 뜻을 몰라서 해맑게 질문한 네티즌도 있다.

근데 지구력이 부족하다고,,,,,
지구력 자체가 지구이기 때문에 만들어진 말 아닌가요....

♡ 좋아요

                                    59분 전 ⋮

그럼 달에서 만들어졌음 달력인가요?

♡ 좋아요

                                    54분 전 ⋮

그렇겠죠 근데 달은 사람이 살 수 없는 환경이니
없는 거지만 밀과 보리 피플이 사는 행성은 지구 같은
행성이므로 근력이나 인내심 등의 말을 사용해도
되지 않았을까 싶네요,,

♡ 좋아요

                                                       53분 전 ⋮

몰입해서 읽고 있었는데 분명 주인공 외 몇 명밖에 모르고
안 믿는 지구라는 행성을 아로스경이 지구력이 부족하다고 해서
뭔가 멈칫하게 되어서요,,,,, 혹시 기분 나쁘셨다면 죄송합니다.

♡ 좋아요

또한 '금일今日'을 두고 벌어지는 대화가 한때 밈meme이 된 적도
있다.

A: 금일 자정까지라고 하셨는데.

B: 금일은 오늘이라는 뜻입니다. 금요일이 아니라.

A: 학생을 평가하는 위치에 있으시면서 오해의 소지가 있는 단어를 사용하면 안 되는 거 아닌가요? 저 말고도 금요일이라고 이해하신 분들이 분명히 있을 텐데. 제 말이 틀렸나요?

이상의 사례들이 문해력 문제인 것은 틀림없지만 그 배경은 난독이라는 '후천성 독서 장애'임을 알아야 한다. 평소 글을 읽기 싫어했건 읽고 싶은데 잘 안 됐건, 또는 날 때부터 이런 증상을 겪었건 자라면서 어느 날부터 증상이 시작됐건 간에 심각한 어휘 부족을 겪는 건 난독 현상에서 기인한다. 그러므로 어휘 부족이 결과적으로 문해력 결핍으로 이어지지만, 난독 현상의 결과로 어휘 부족이 생긴 것이 먼저임을 이해해야 한다.

이런 사람들에게 부족한 어휘를 채워 넣는 작업은 쉽지 않은데, 왜냐면 결국 난독이라는 벽을 넘어야 하기 때문이다.

왜 지금 문해력이 이슈일까?

─●●●─

난독 현상이 쌓여 우리 사회에 드디어 글을 읽지 못하고 이해하지 못하는 현상이 넓고 깊어져서 더는 덮고 넘어갈 수 없는 가시적 현상이 됐다. 코로나19 사태로 급진전된 것일 뿐, 오래전부터 층층이 쌓여온 문제다. 이에 교육 현장에서도 큰일 났다는 위기의식이 확산되고 있다.

대중에게는 쓰나미라도 닥쳐오는 것처럼, 쇄도하는 괴물의 흉측한 얼굴에 정면으로 맞닥뜨린 듯한 충격일지도 모른다. 설마 하던 일이 실제로 벌어졌으니까. 그러나 한 발 물러나 전체를 보면, 드러나는 괴물의 몸통은 좀 다른 이야기를 한다는 걸 알 수 있다. 문해력 붕괴라는 이 괴물은 난독으로 인한 독서력과 독서량의 절대 부족을 온몸으로 말하고 있다.

아이들은 학교 과제든 시험 문제든 글을 찬찬히 읽지 못하고 당연히 글로 쓰인 것을 이해하지 못하며, 이 현상은 문해력 부재 이전에 난독이고 오래전부터 그랬다. 하지만 누구도 이 중요한 사실을 인지하지 못했다. 학교에서는 물론이고 학원이나 가정에서 난독과 관련하여 경각심을 일깨우는 어떤 말도 들어본 적이 없기 때문이다. 이를 예방하거나 해결할 수 있는 수업도 없고, 그런 지도를 해주는 선생님도 당연히 없다.

최근 여러 경로를 통해 코로나19 사태로 초등학교의 독서 교육이 완전히 무너졌다는 이야기를 들었다. 초등학교 저학년 때는 학교에서 선생님과 같이 책을 읽으며 음운 체계를 이해하고, 기초 단어를 익히고, 문장을 이해하고 해석하면서 음운과 문장에 대한 개념을 확립해나가야 한다. 이런 과정을 거치면서 다양한 문장을 접할 준비를 해야 고학년이 됐을 때 수월하게 학습할 수 있다. 그런데 코로나19 탓에 원격수업이 진행되는 바람에 교사와 아이들의 직접적인 소통이 불가능해졌다. 애초에 책을 제대로 못 읽는 학생들에 대해서는 준비가 전혀 되어 있지 않았으며, 아이들은 이 틈바구니에서 방치된 채 책 대신 게임·만화·동영상 등에 몰두하는 것으로 시간을 보냈다. 뒤늦게 이 사실을 깨달은 선생님들은 그저 당황해서 어찌할 바를 모른다.

이렇게 최근 2~3년 동안 사실상 교육의 공백이 이어진 것이다. 초등학교 저학년도 아주 심각한 상태지만, 고학년이라고 해서 예외는 아니다. 이런 상태인 줄을 모르는 채 신입생을 접한 중학교 교사들 입에서 "아, 이걸 어쩌지!" 하는 탄식이 저절로 나온다고 한다. 공교육이 무너질 수도 있다는 위기감이 확산되는 게 이 때문이다.

영어·수학보다 국어 문해력이 더 문제라는데

한번은 학교 선생님을 만나 이야기를 나눈 적이 있다. 최근 내가 지도한 고등학생들이 공교롭게도 영어·수학 성적은 수능 기준 1~2 등급인데 국어만 4~5등급이라고 말했더니, 그분은 요새 그런 학생이 많다고 했다. 이에 덧붙여 요즘 자기 학교에서도 영어나 수학 성적은 양호한데 유독 국어 성적이 낙제에 가까운 학생들이 갑작스럽게 늘고 있다며 걱정이 많았다.

코로나19 사태 전까지만 해도 초등학생 때까지는 대체로 책을 많이 읽는 편이었고 문해력 문제는 별로 없었던 것으로 기억한다. 단적인 예로 2018년에 방영된 SBS스페셜 다큐멘터리 〈난독시대〉를 들 수 있다. 해당 편은 대한민국의 독서 장애 현상을 고발하는 내용이었음에도, 초등학생 장면만은 책을 100권 이상 읽은 어린이에게 시상하는 것으로 시작했다. 중·고등학생과는 대조적인 행태를 보이는, 책을 많이 읽는 연령대였기 때문이다.

상황이 급변한 것은 코로나19 사태가 장기화되면서부터다. 이후 초등학생들의 독서력마저도 무너지고 말았다. 비단 공교육뿐만 아니라 전국의 많은 학원도 큰 타격을 입었다.

이런 일련의 사건들을 인지하면서 급작스럽게 문해력이 교육계의 주요 이슈로 등장하게 된 것이다. 아닌 게 아니라 지금 학교에서는 크나큰 위기의식을 느끼고 있다. 학부모들은 성적에만 관심을 두기 때문에 제대로 실감하지 못하는 측면이 있지만 교사들은 소통과 전달, 즉 근본적인 교육의 문제에 봉착해 있다.

교육계는 사태가 이 지경에 이르고 나서야 부랴부랴 나서서 문해력 저하 학생을 지원하는 관리 체계를 세웠다. 학습지원센터라는 이름으로 '3차 스크린'이라는 개념을 도입한 것이다. 하지만 정작 '어떻게?'라는 질문에는 꿀 먹은 벙어리다. 어쩌면 뾰족한 해결책을 아직 찾아내지 못했기 때문일 것이다.

글 대신 동영상을 선호하는 현상은 사람의 지능이 점점 퇴보해가는 증거로 볼 수 있는데, 우려스럽게도 그 숫자가 빠르게 늘고 있다. 이를 해결하고자 연구도 이뤄지고 있는데 코로나19 사태 발생 후 3년이 지나가는 이 시점까지 달라진 건 아무것도 없는 것을 보면, 돈이 엉뚱한 데 쓰이지 않나 하는 의심이 든다.

이 문제는 글을 제대로 읽게 하면 해결된다. 즉, 글을 못 읽는다는 것을 기정사실로 전제하고 그 원인인 후천성 독서 장애(난독)를 해결하면 된다는 얘기다. 그런데 이를 건너뛰고, 그 결과물인 문해력 저하의 심각성만을 부각하고 분석하고 있으니 상황이 더 악화될 수밖에 없는 것 아니겠는가.

문해력이란
무엇일까?

문해력의 반대는 문맹이 아니라 난독이다

'문해력이란 무엇일까?'

간단한 질문 같지만, 답하기는 쉽지 않다. 정의를 어떻게 내리느냐에 따라 이를 다루는 교육계의 대처 방법이 천양지차로 달라지며, 예산 편성도 달라질 수 있는 매우 민감한 문제가 됐기 때문이다.

이 단순한 질문에 대한 답변을 딱 부러지게 할 수 있는 사람을 찾아보기도 했는데, 결론은 어이없게도 대부분 사람이 이 문제를 크게 신경 쓰지 않는다는 것이었다. 이는 곧 문해력 저하에 대한 해법을 아는 이가 없다는 얘기다.

문해력의 고전적 정의 자체는 이제 별로 중요하지 않은 것이 되어버렸고, 저마다 필요한 대로 입맛에 맞는 정의를 내린다. 앞서 언급했듯이, 언론에서조차 갑자기 컴퓨터 영역에까지 문어발식으로 한 발을 척 걸치기도 한다. 뭔가를 잘 모르겠으면, 일단 원래로 돌아가서 그것이 어떻게 달라졌는지를 추적해봐야 하지 않겠는가.

'문해력'은 한국전쟁을 겪은 세대, 즉 현재 나이 80대 이상 고령층의 문맹을 해소하기 위해 문맹 퇴치라는 목표를 내세우면서 주로 사용됐던 단어인데, 최근 들어 초·중·고를 가릴 것 없이 교육 현장에서 가장 시급한 현안으로 급부상했다. 이를테면 오래된 신인인 셈이다. 문해력의 고전적 정의는 '문자를 읽고 뜻을 이해해 사용할 수 있는 능력'이다. 주로 한글 해독이 안 되는 문맹자를 대상으로 한 문맹 퇴치 교육에서 목표로 제시하기 위해 만들어진 용어로 짐작된다.

교육 현장에서도 그동안 '공부 잘한다'라거나 '시험 성적 좋다' 같은 말은 흔했고 누구나 금방 이해할 수 있었지만, '문해력이 뛰어나다'라는 말은 하는 사람이나 듣는 사람이나 정확히 무엇을 평가하고 칭찬하는 것인지 바로 와닿지 않는다고 느꼈다. 그런데 이제는 사정이 달라졌다. 과거에 학생들의 성적 저하 문제는 책을 못 읽어서가 아니라 참고서나 연습문제 풀이, 사교육 강의 등을 충분히 하지 못해서 생겨났다. 하지만 컴퓨터 게임과 스마트폰이라는 엄청난 변수가 등장한 이래 하루가 다르게 학생들의 난독 문제가 심각해졌다. 현재 학생들의 성적이 저하되는 데 가장 큰 영향을 미친 요인이 바로 이것이다.

현 교육 방식은 기존 방식을 답습해서가 아니라, 학생들의 두뇌에까지 접근하기는커녕 시각적 주의조차 끌지 못하기에 문제다. 난독 현상 때문에 학생들의 문자 감수성이 극단적으로 무뎌져 있기 때문에 교과서, 참고서, 문제집, 여러 차례의 시험으로 평가하는 방식으로는 교육 환경을 개선할 수 없다.

문장 인식은커녕 단어의 습득 단계에서부터 무너지고 있는 마당에 한 단어로 뭉뚱그려 다루려 하다 보니 이미 지난 세기에 쓰이고 퇴출된 문해력이라는 말을 다시 불러낸 것인데, 의도는 충분히 이해가 된다. 어쨌든 용어가 있어야 교육계에 공공의 현안으로 공감을 일으킬 수 있을 테니까.

1960년대 이전에 배울 기회를 갖지 못해 생겨난, 이른바 까막눈이나 문맹이라는 개념과 오늘날 글을 인식하지 못하는 문제는 분명히 다르다. 오늘날의 문제는 글을 알기는 하는데 그 글을 통해 필요한 지식을 받아들이지 못하는 것이기 때문이다. 하지만 심각성은 50여 년 전 못지않기에 문맹의 반대말 문해가 21세기에 다시 소환된 것이다.

또 한 가지 이유는 문맹이란 말이 한국에서는 천연두처럼 이미 멸종된 지 오래인 느낌이지만 다른 나라, 특히 미국에서는 아직 문맹의 반대말인 'literacy(문해)'가 여전히 중요한 이슈로 남아 있다. 이를 전공한 분들이 있다 보니 그 단어가 국내에 자연스럽게 유입된 측면도 있다고 본다.

문해력의 수평적 개념 확장은 무의미하다

문해력은 원래 모국어 교육, 즉 한국 같으면 국어 교육에 국한된 개념이었다. 그런데 최근 혼란한 틈을 타 슬그머니 다른 영역으로도 확대돼 요상한 용어로 쓰이고 있다. 이른바 디지털 문해력이니, 수리 문해력이니, 미술 문해력이니, 음악 문해력이니 하는 것들이다. 결론적으로 말해서 이런 수평적 개념 확장은 문해력 붕괴를 해결하는 데 전혀 도움이 되지 않을 뿐 아니라, 오히려 국어 교육계와 타 교육 및 산업 영역에서 사용해온 용어들과 충돌해 엉뚱한 오해를 불러일으킬 위험이 다분하다. 한마디로, 실익은 없고 혼란만 가중될 뿐이다.

문해력이 독서를 중심으로 인식되고 발달해가는 메커니즘은 그 앞에 어떤 수식어를 붙여 '○○ 문해력' 식으로 인문·자연과학 등 다른 영역으로 확장될 필요가 없다. 그 영역의 뇌과학적 정보 처리 방식은 전통적 문해력, 즉 문자 정보를 처리하는 방식과는 아예 경로부터 다르기 때문이다(3장 참조). 우리는 지금 문자 생활이 힘든 미증유의 교육적 재난 상황에 맞닥뜨려 있음을 다시 한번 상기하자.

미술 문해력은 미적 감수성, 디지털 문해력은 소프트웨어 운용 능력, 창의적 문해력은 창의력, 의학 문해력은 의술 등으로 이미 오랫동안 관련 교육계와 산업계의 경험에서 탄생하고 사용돼 온 표현을 잘 이해하고 습득하면 된다. 국어 교육계의 편의를 위해 새로 정의할 필요도 없을뿐더러, 나아가 그로 인한 어떤 효과도 없다.

그뿐만이 아니다. 현재 교육상 문제가 되고 있는 것은 한글로 이루어진 문서의 독해에 관한 것일 뿐 학생들의 소프트웨어 코딩 능력이나 동영상 제작 능력 또는 가창력 등이 심각히 저해된 것은 아니다. 예컨대 한류는 코로나19와 무관하게 오히려 점점 더 번성하고 있지 않은가. 이들을 '○○ 문해력'이라고 하면서 억지로 문해력의 카테고리에 집어넣어 통합해 다루는 것은 난센스에 불과하다.

문해력은 공감 능력이다

━●─●─●━

이해한다는 것은 곧 공감한다는 뜻이다. 음식을 소화하는 메커니즘은 내 몸속에 내가 먹은 음식과 같은 분자와 원자가 있어서 이를 기반으로 음식 분자가 내 몸에 흡수되고 동화되는 것이다. 지식도 마찬가지다. 이미 나의 보편적 정서와 맞아떨어지거나 교과서 등으로 어느 정도의 보편성을 확보한 지식이 있기에 새로운 지식을 받아들일 수 있다. 이 과정의 목표는 하나, 나의 지식으로 흡수되어 발휘되게 하는 것이다.

이 발휘되는 부분을 사물과 사건에 대한 공감력이라고 할 수 있다. ENA 드라마 〈이상한 변호사 우영우〉에는 자폐 스펙트럼 환자 우영우 변호사가 공감력을 확보하고자 무진 애를 쓰는 장면이 자주 나온다. 자기는 자폐 스펙트럼 환자여서 일반인보다 공감력이 많이 부족하다는 사실을 알기에 의지력을 발휘해 노력하는 것이다. 그래서 마침내 변호사로서도 자리를 잡고 연애에도 성공하는 것으로 이야기가 마무리됐다. 머리의 지식이 가슴으로 내려오는 것을 공감력이라고 한다지만, 머리로 이해하는 것도 엄연히 공감력이다.

이에 따라 문학과 비문학을 아울러 해석하는 능력이 문해력이라고 한다면, 소시오패스가 아닌 이상 문해력과 공감 능력은 따로 떨어져 있지 않다. 문해력이 높은 사람이 당연히 공감력이 높다.

내 나이를 세어 무엇하리. 나는 지금 오월 속에 있다.

- 피천득, 〈오월〉 중

마치 시처럼 짧은 수필인 〈오월〉의 이 한 구절은 여느 찬란한 시 못지않은 뜨거운 감동을 선사한다. 이렇게 감동을 받아들이는 힘, 내 것으로 만들어 마음만은 늘 오월로 살 수 있는 감정의 힘, 그것이 곧 문해력의 공감력이다.

체력을 기르듯 문해력도 발달시킬 수 있다

이 시점에서 우리는 정작 중요한 것을 놓치고 있는지도 모른다. 문해력의 정의보다 더 중요한 것을 두 가지만 꼽으라면, 하나는 문해력을 저하시키는 요인을 찾는 것이고 다른 하나는 문해력을 증진시킬 방법을 모색하는 것이다.

약점을 잡아내고 능력을 배양해야 한다는 공통점이 있으니 문해력을 체력에 비교해보면 어떨까?

문해력이란 결국 개인이 독서를 통해 성장하는 것이므로, 음식과 운동을 통해 몸이 자라고 근육과 힘이 자라는 것과 같다. 손흥민·김연아·박세리 등의 운동선수나 BTS·블랙핑크 등 춤과 노래 실력을 겸비한 엔터테이너가 훈련을 통해 성장하는 과정에 비유할 수 있다.

단어·어휘·문장은 음식에 해당하고, 독서는 연습에 해당한다. 읽기 습관을 들여 체화하는 것은 반복되는 훈련과 같고, 사고의 유연성을 기르는 것은 동작의 정확성과 유연성을 기르는 것과 같다. 정독은 정확한 자세를 유지하며 걷고 뛰는 연속 동작에 비할 수 있고, 책을 읽으면서 느끼는 지식의 축적과 감동을 통한 정서의 변화는 곧 선수나 연예인이 성공적으로 경기를 하거나 공연을 할 때 느끼는 '러너스 하이runners' high'•에 비할 수 있다. 정확한 동작과 스피드가 핵심이라는 점에서도 공통점이 있다.

어떤가. 이렇게 비교해보니 학업에 미치는 영향에서 문해력이 결정력 요소라는 사실을 정확히 인지할 수 있지 않은가?

문해력 발달의 필수 조건, 정독

앞서 설명한 바와 같이, 지금의 문해력 붕괴는 난독 현상의 결과로 나타난 것이다. 화려한 미디어가 급속히 발달하고, 게임·동영상·웹툰 같은 볼거리가 이미 아이들의 일상 깊숙이 침투해 있어서 뜯어말리기엔 너무 늦은 감이 있다.

난독 해결의 목표는 당연히 정독이다. 여기서 말하는 정독은 한자로 '精讀'이고 사전상 뜻풀이는 '뜻을 새겨 가며 자세히 읽음'이다. '바른 독서' 정독正讀이 아니라 '정교한 독서'를 의미한다. 즉,

---

• 　30분 이상 뛰었을 때 밀려오는 행복감. 헤로인이나 모르핀을 투약했을 때 나타나는 의식 상태나 행복감과 비슷하다. (자료: 네이버 국어사전)

바르게 읽는 것이 아니라 정교하게 읽는 것이다. 무엇이 정교한 것일까? 모든 단어에 눈을 마주치면서 제대로 인식하는 것이다. 언뜻 들으면 좀 답답해 보이지만, 문자가 발명된 동기가 결국 눈으로 읽어 그 소리를 떠올리기 위함이라는 사실을 생각해보면 쉽게 수긍이 갈 것이다.

모든 단어에 눈을 마주치면서 읽는 게 말처럼 쉽진 않지만, 그렇더라도 답은 확실히 정독이다. 요즘에는 전자책이나 워드프로세서 뷰어에 정독 기능을 부여한 제품들이 나와 있으므로 하려고만 하면 누구나 할 수 있다(이를 워드플레이어라고 하는데 4장에서 자세히 소개한다).

정독을 이처럼 강조하는 까닭은 이 개념을 아는 교사나 학생이 별로 없고 학부모들은 더 잘 모르기 때문이다. 정독의 개념을 알았다면 이제 그 상대적인 개념으로 난독을 바라보는 여유를 좀 가졌으면 한다. 정도의 차이가 있을 뿐, 사실상 정독이 아닌 방법으로 읽는 것은 전부 난독이다. 만약 교과서를 읽는데 모든 단어를 읽지 못한다면, 안 읽은 부분에서 나온 문제는 틀릴 수밖에 없을 것이다. 그 부분을 빼먹고 읽었으니 말이다. 왜 빼먹었을까? 정독을 안 했기 때문이다.

정독의 결과로 생기는 어문 실력을 문해력이라고 정의해야 정확하다. 그냥 생기는 것이 아니기 때문이다. 돈과 달리 금수저·흙수저가 따로 없고 오직 자신의 노력, 그중에서도 정독의 결과로 쌓여가는 것이 문해력이다. 여기에 한 가지 요소가 더해져야 한다. 문해력에는 이해력이 포함되는데, 이해력이 발달하면 결국 독서 스피드가 높아진다. 스피드는 정독을 전제로 할 때 빛을 발한다. 짧은 시간에 같은 책을 여러 번 읽을 수 있기 때문이다. 따라서 여러 번 되풀이해서 읽어도 지루하지 않다. 이런 식으로 차츰차츰 지식의 밭을 깊이 갈면 지겨움이 오는 것이 아니라 즐거움이 오는 것이다.

이는 뇌과학으로 이미 검증된 과학적 진실이다. 이제까지는 시간이 너무 오래 걸려 감히 해볼 엄두를 내지 못했기 때문에 알려지지 않았을 뿐이다. 그래서 문해력의 폭발은 정속독精速讀, 즉 '정교하고 빠르게 읽기'에서 일어나게 되어 있다. 항상 여유로워 보이고 시험 전날 밤을 새우지도 않았다고 하는데 전교 1등을 도맡아 하는 학생들이 간혹 있다. 비법이 무엇일까? 이미 정독이 생활화돼 내공이 쌓이다 보니 자기도 모르게 정속독의 경지에 오른 것이다. 그런 사람들은 뭐든지 확실히 읽고 빨리 이해한다. 문제를 풀 때 지문을 정확히 읽고 지문과 문항을 정확히 연결한다. 그래서 항상 시간이 남는다. 진짜 천재는 항상 시간이 여유로운 사람이다. 자연스레 집중하고, 여러 번 읽는데도 정속독으로 정교하고 빠르게 읽으므로 시간이 남아돈다.

문해력이 뛰어난 학생들의 비법은 '정속독으로 여러 번 읽기', 이것 하나뿐이다. 문제집의 문제를 하나라도 더 풀어서 1등 하는 학생은 단언컨대 절대로 없다. 이것이 정독과 문해력의 필연적인 관계다. 정독 없는 스피드는 곧 빼먹고 읽는 습관, 즉 난독의 일종임을 잊지 말자. 따라서 현재 사회적으로 이슈가 되고 있는 문해력 저하 문제를 해결하려면 난독부터 해결해야 한다. 일단 제대로 읽어야 이해를 하든 말든 할 것 아니겠는가.

문해력 발달의
네 가지 단계

●●●●

문해력이 저하되는 원인은 간단하고도 분명하다. 책을 못 읽는 것, 즉 난독이다.

난독은 어휘력 부족, 그리고 스마트폰의 과도한 사용으로 '글을 읽을 때 좌에서 우로 처음부터 끝까지 모든 글자를 빠르고 정확하게 읽지 않음'에서 기인한다. 지나치게 느린 것도, 빼먹고 건너뛰는 것도 당연히 내용을 제대로 파악할 수 없게 하는 잘못된 독서법이다.

문해력은 거듭된 독서의 결과로 얻어지는 독서력을 포함하는 학습 능력이다. 따라서 단계별 분류법이 있는데, 이를 참고하여 자신의 문해력 수준을 가늠해보는 것도 좋을 것이다.

마침 좋은 자료가 있다. 미국의 전미연구평의회National Research Council, NRC(국립과학한림원·국립공학한림원·국립의학한림원을 운영하는 기관)에서 2012년에 발간한 '미국 성인 독해 및 작문 문해력 발달 지도 보고서'로, 여기에 명시된 문해력의 기본 구성 요소와 문해력의 네 가지 발달 단계를 소개한다.

첫째, 음운력

음운력decoding은 글자와 발음을 정확하게 대응시키는 능력으로, 문자를 낭독할 수 있느냐와 관련된 단계다. '모든 글자에는 소리가 담겨 있을' 정도로 글자와 소리는 떼려야 뗄 수 없는 관계다.

우리는 언어를 배울 때 글자가 아니라 소리부터 배운다. 그 뒤에 문자를 배우는데, 이는 그 소리에 대응하는 문자의 형태를 익히는 과정일 뿐이다. 우선 문자 배열의 최소 단위인 단어를 배우고, 그다음에는 단어의 조합인 구절과 문장을 배우면서 복잡한 문화와 학문으로 접근해가는 것이 학생들의 학습 과정이다. 이후 학문을 연구하고 저술을 완성하여 타인에게 생각과 지식을 전달하면서 인류의 거대한 문명 체계를 발전시키고 유지해간다.

이렇게 볼 때 개개 문자의 소릿값은 문자라는 단순화된 그림 또는 심볼에 결합하여 모든 소리와 의미를 대응시켜 표현할 수 있게 해주는 '언어의 쌀'과도 같은 존재다. 쌀이 모여 밥이나 떡과 같은 음식이 되는 것이므로, 글자의 소릿값을 배우는 것이야말로 문해력의 기본이다. 바로 이 부분에서 선천성 난독증과 후천성 난독으로 나뉜다.

난독증은 이 관문에서 막혀 더 나아가지 못한다. 선천적으로 소리와 문자를 대응시키는 능력이 부족하기 때문이다. 따라서 난독증인 사람은 문해력에 치명적인 핸디캡을 가지고 출발하는 셈이다. 후천성 독서 장애, 즉 난독은 동영상을 지나치게 몰입해서 시청하거나 게임으로 주의력이 이탈하는 등의 이유로 문자를 배우려는 흥미를 잃었을 경우 난독증과 비슷한 증상을 보일 수도 있다. 다만, 후천성 독서 장애는 고칠 수 있다는 것이 나의 견해다(4장 참조).

둘째, 어휘력

—●●●—

어휘력vocabulary은 단어의 사전적 정의를 알고 있느냐의 문제를 넘어, 단어를 깊이 이해하고 문장 내에서의 용도와 가변성을 아는 능력을 뜻한다. 단어의 다양한 뜻을 알고, 문맥에서의 쓰임새와 의미를 파악하는 것이 중요하다.

성인들은 자신의 전공이나 업무와 관련된 다양한 소재의 글을 접하게 된다. 이런 글들을 이해하려면 당연하게도 어휘력을 갖춰야 한다. 어휘력을 기르기 위해서는 일단 책을 읽어야 하고, 모르는 어휘를 무심코 넘기지 말아야 한다. 요즘에는 스마트폰은 물론 네이버나 구글 등의 포털에도 사전 기능이 기본으로 탑재돼 있다. 이런 기능을 수시로 활용하는 습관을 기른다면 어휘력이라는 난관을 의외로 수월하게 뛰어넘을 수 있을 것이다.

어휘력을 향상시키고자 할 때는 두 가지를 명심해야 한다. 첫째는 어휘력 부족을 통감하는 것이다. 둘째는 어휘를 알고 책을 읽었을 때 전과 다른 내용이 나의 지적 욕구를 충족시켜주는 즐거움을 반드시 한 번 이상 경험해봐야 한다는 것이다.

이런 즐거움을 경험해본 사람은 복이 많다고 할 수 있는데, 문해력을 빠르게 향상시킬 수 있기 때문이다. 두 번째로 복 있는 사람은 그런 즐거움을 알게 해줄 스승을 찾아야겠다는 강렬한 의지를 불태우는 사람이다. 이 사람도 곧 첫 번째 사람과 같은 문해력 발전의 기쁨을 맛보게 될 것이다. 세 번째로 복 있는 사람은 본인은 천하태평일지라도 부모님이나 형제자매, 친구 등의 지인들이 전문가에게 이끌어 가르침을 받게 하는 이들이다. 이들 역시 전문가를 제대로만 만난다면 첫 번째나 두 번째와 같은 결과를 얻게 된다. 네 번째로 복 있는 사람은 자신이 다니는 학교나 학원 등에서 짧은 시간에 어휘를 대량으로 채워주는 교육을 하는 경우다. 이런 사람 역시 앞의 세 사람과 마찬가지 결과를 얻을 수 있다. 이

네 가지 중 하나의 길에 반드시 접어들어야 하며, 될 수 있으면 한 살이라도 어릴 때 들어서야 더 좋은 결과를 얻을 수 있다.

셋째, 유창성

유창성^{fluency}은 글을 빠르고 정확하게 읽는 능력을 뜻한다. 우리 뇌는 용량에 한계가 있어서 인지 과정을 한 번에 무한정 처리하지 못한다. 그러므로 단어와 글을 자동으로 편안하게 읽을 수 있다면, 단어의 뜻을 기억해내는 데 용량이 분산되지 않으므로 문장들을 연결하고 이해하는 데 집중할 수 있을 것이다.

글을 잘 읽는 사람이라고 하더라도 글의 난이도나 소재, 구성의 친숙함에 따라 유창성의 정도가 달라진다. 앞서 모든 글자에 눈을 마주쳐야 정독하는 것이라고 설명했는데, 결국 유창성은 모든 글자에 빠르고 정확하게 눈이 마주치는 걸 의미한다고 할 수 있다.

유창성을 키우려면 많은 단어를 습관적으로 처리하는 연습을 해야 한다. 책·신문·잡지·설명서·공지문 등 어떤 글을 읽든 다양한 문체를 접하면서 필요한 지식을 이해하고 받아들일 때, 먼저 단어나 문장에 대한 낯선 느낌을 최대한 배제하여 익숙해지게 함으로써 내용으로 바로 들어가게 하기 위한 연습이다. 이런 연습이 되어 있는 사람은 어떤 글을 들이밀어도 당황하지 않고 일단 읽어보려고 하며, 찬찬히 읽으면 그 내용이 무엇이든 결국 이해하게 된다.

넷째, 이해력

이해력comprehension은 글을 읽고 난 후 글의 주제를 머릿속으로 요약하고 특정 부분을 다시 찾아가는 능력이다. 이해에 도달하기 위해선 장르의 다양함과 다양한 과제를 넘어서야 하는데 내가 무엇을 위해 읽는지, 어떻게 읽어야 할지 등의 전략을 상기해야 한다. 즉 자신이 무엇을 알고 무엇을 모르는지를 스스로 판단하고, 글이 무엇을 말하고자 하는지 자문하며 읽어야 한다. 또한 뭔가를 이해하려면 그와 관련된 배경지식이 필요하므로 평소에 배경지식을 쌓아둬야 한다.

핵심은 다양한 배경지식을 전제로 메타인지●를 해야 한다는 얘기다. 내가 무언가를 모른다는 사실을 알려면 반복적인 독서가

●   메타인지란 '내가 무엇을 모르는지를 아는 것'으로 정의할 수 있다. 책을 읽거나 공부를 한 후 완벽하게 이해했는지 체크해보기 위해 그 내용을 주변 친구나 지인들에게 설명하는 전통적인 방법이 있다. 이때 막히지 않고 무리 없이 설명하는지, 설명한 바를 상대방이 잘 이해하는지를 척도로 삼는다. 말을 하다가 막히거나 상대방이 잘 알아듣지 못하면 그 지점이 보완해야 할 부분임을 갈파해 더욱 공부해서 완전히 이해하는 방식이다. 배운 지식을 언제든지 말과 글을 통해 '스토리텔링'으로 변환해 표현할 수 있는 능력을 말하기도 한다. 따라서 메타인지란 기본적으로 정독을 전제로 하는 학습 방법이다.

필수적이다. 어느 정도로 반복해야 할까? 내가 알게 된 것을 남에게 편안하게 설명할 수 있고, 그 설명을 상대방이 알아들을 수 있게 될 때까지 반복하면 된다(4장의 '메타인지 3독법' 참조).

음운력은 어휘력의 모체가 되고, 어휘력은 유창함의 모체가 되고, 유창함은 이해력의 모체가 된다. 이것이 바로 문해력이 발달해가는 단계다. 종합하자면, 문해력은 결국 이해력을 최종 목표로 하는 여정이자 결과다. 이해력은 유창성과 어휘력을 전제로 한다. 유창성은 모든 단어를 정확하고 빠르게 읽어내는 정속독이며, 어휘력은 단어가 가진 다양한 활용성과 깊은 의미를 내포한다. 즉, 탄탄한 어휘력을 기반으로 모든 글자를 빠르고 정확하게 읽어내는 것의 반복이야말로 문해력을 완성으로 이끄는 비법이라는 뜻이다.

2장

난독의 시대

내가 워드플레이어[혜]
고 미리 대비하기 위[해]
를 만들어낼 수 있는 [...]
내심 염려스러웠다. 그러[니]
겠다. 내 염려의 핵심은 '디지털[...]
다. 그런데 누가 그걸 일일이다 읽[...]
보가 홍수처럼 쏟아져 나오겠지만, 정[...]
면면히 이어져 온 인류사의 발전이 어[...]
중 어릴 때 받았던 독서 훈련이 떠올랐[...]
데, 그 훈련 덕에 글을 꼼꼼히 읽는 습관[...]
면 어떨까 하는 생각이 들었다. 디지털 문서[...]
로 눈은 가만히 있고 글자가 움직여 눈이 수동적[...]
먹거나 줄을 건너뛰는 일은 방지할 수 있지[...]
워드플레이어'다. 워드플레이어는 디지털 [...] 정독精讀(정교하게 읽음), 나아가 정속독精速讀(정
교하고 빠르게 읽음)을 할 수 있도록 고안된 발[...] 하지만 당시는 지금만큼 문해력 붕괴 문제가
심각하게 대두하지 않아서 일반인은 물론 정부조[...] 그 필요성을 제대로 느끼지 못했다. 나는 그런 현
실을 아랑곳하지 않고 한컴과 접촉하여 아래아 한글에 [...] 기능을 심으려는 무모한 도전을 감행했고,
숱한 시행착오 속에 무려 6년이라는 시간을 보냈[...]고 마침내 실질적인 성과를 거뒀으며, 이 책
은 그간의 연구 결과를 정리한 일종의 보프롤로그[...]뷰 발전의 걸림돌 난독, 해법은 분명히 있다.

난독의 시대를 예견하
[...]를 사용해 누구나 문서
[...]가 만들어낼 문서의 홍수가
[...]면 예견이고 대비일 수도 있
[...]를 모니터에서 읽고 처리해야 한
[...]업혁명의 도래와 함께 온갖 정
[...]렇게 활용할 수 있겠는가. 자칫하면
[...] 있으리라는 생각마저 들었다. 그러던
[...] 단어에 맞추어 빠르게 굴리는 방법이었는
[...]용이했다. 이 방법을 현재 상황에 적용해보
[...]고 있어 어렸을 적 훈련 방법과 반대
[...]게 하는 개념은 어떨까? 그러면 단어를 빼
[...]해서 탄생한 것이 '단어가 동영상처럼 움직이는

난독 연대기:
우리가 이렇게 되기까지

아이폰과 함께 시작된 디지털 난독의 시대

우리에게 닥친 '디지털 난독'은 사실 2007년에 일어난 하나의 사건에 기인한 것이다. 바로, 아이폰의 등장이다. 물론 원인을 따지자면 더 있겠지만, 그 사건은 비단 독서 장애에 그치지 않고 디지털 기술을 선도하고 적극 활용한 국가들과 그렇지 않은 국가들 간에 엄청난 격차를 만들었다. 그로부터 약 15년이 지난 2022년 현재, 우리나라는 눈부신 발전을 거듭해 족탈불급足脫不及(맨발로 뛰어도 따라가지 못함)의 상태로 까마득히 앞서 달리는 국가가 됐다. 인구가 적어 시장 규모가 크지 않은데도 디지털 제품이 등장할 때마다 한국은 얼리어답터로서 마케팅의 시험장이 되곤 한다.

난독 이야기를 하는데 왜 아이폰의 등장을 이리 요란하게 소개하느냐 하면, 아이폰의 탄생과 함께 주변 콘텐츠 환경이 급격히 변화했기 때문이다. 문서와 책을 포함한 콘텐츠 사용에 근본적 변화가 일어났고, 그 여파로 현 인류에 엄청난 부작용을 초래하고 있는 난독 현상이 대대적으로 발생했다. 도대체 어떻게 흘러왔는지, 이 난독의 연대기에 잠시 주목할 필요가 있다.

2006년 10월 구글의 유튜브 인수

이때 이미 구글은 현재의 스마트폰 운영체제인 안드로이드의 초기 모델을 개발해놓고 있었다. 스마트폰의 운영체제는 사실 구글 이전에 애플은 물론 2G폰의 최강자 노키아가 심비안 운영체제를 개발해놓고 있었으며, 모두 나름의 스케줄을 가지고 물밑에서 열심히 작업 중이었다.

이런 상황에서 구글이 유튜브를 인수했는데, 이 이벤트는 무엇을 의미할까? 검색엔진 구글이 동영상 검색 사업을 하겠다는 것만이 아니라 안드로이드용 스마트폰을 준비하고 있었다는 뜻이기도 하다. 아이폰이 아이튠즈 뮤직의 막강한 콘텐츠 군단을 모으는 것을 보면서 구글도 동영상 포털을 준비하며 같은 꿈을 꾼 것이다.

이처럼 보이지 않는 물밑 움직임의 한 단면이 구글의 유튜브 인수와 함께 드디어 수면 위로 드러난 것이다. 그리고 다음 해,

인류에게 난독 현상이 폭발적으로 발생하는 결정적 사건이 발생한다.

2007년 애플의 아이폰 출시

이 사건은 사실상 지금의 난독시대를 열었을 뿐 아니라, 전 지구적인 문명에 혁명적 변화를 초래했다. 애플은 소비자들이 어떤 기능을 요구하고 어떤 콘텐츠에 열광할 것인가를 정확히 꿰뚫고 있었다. 아이폰에 완전히 사용자 친화적인 유저 인터페이스를 갖춘 다음, 이에 걸맞은 새로운 기능들을 탑재했다. 나중에 삼성이 얕보고 덤볐다가 엄청난 돈을 물어준 철저한 특허 정책까지, 이전의 마이크로소프트를 능가하는 독점적 기술 보호 정책을 갖춤으로써 본격적으로 스마트폰 시대의 막을 올렸다.

단순히 사용하기 편리한 하드웨어 플랫폼이 하나 추가된 정도가 아니다. 기다리고 있던 구글의 움직임이 빨라졌으며, 긴가민가하던 삼성의 운명을 바꿔놓았고, 다소 전근대적인 의사결정 조직이던 LG가 휴대폰 사업에서 손을 떼게끔 하는 등 업계를 혁명적으로 재편했다. 그리고 얼마 안 가 4차 산업혁명이 시작됐다.

새로운 시대의 개막

세계인은 열광했다. 듣도 보도 못 한 손가락 액션으로 화면 크기를 조절하는 줌인·줌아웃 기능은 그 자체가 신기한 장난감 같은 특징으로 여겨졌다. 여기에 더해 위아래로 쓸어내리고 쓸어올리는 스크롤 기능으로 전화번호를 찾는 액션은 스마트폰 유저들의 또 다른 재밋거리였다(바로 이 대목에서 난독의 한 부분이 시작되지만, 뒤에서 자세히 다루기로 하자).

아이폰은 그야말로 손안의 PC 이상이었다. 동시에 무선을 기본으로 하는 통신 시스템은 언제 어디서나 네트워크에 접속할 수 있는 유비쿼터스 시대를 열었고, 사람들은 진정으로 열광했다. '언제 어디서나'의 화룡점정畫龍點睛(가장 중요한 부분을 마쳐 일을 끝냄)은 화장실과 잠자기 전 머리맡이었다. 이 두 가지는 인간의 지극히 개인적인 영역을 상징해왔는데, 원래 이곳에 있던 신문이나 소책자를 스마트폰이 밀어낸 것이다.

콘텐츠의 종류도 확연히 달라졌다(물론 난독을 더욱 악화시키는 방향으로!). 게임과 동영상과 SNS의 홍수가 밀어닥친 것이다. 다음은 'FANG'으로 일커어지는 4차 산업의 핵심 빅데이터 컬렉터들인 페이스북, 애플, 넷플릭스, 구글을 비롯하여 관련 서비스가 이 새로운 플랫폼으로 들어와 본격적으로 서비스된 시점을 순서대로 열거해본 것이다. 일렬횡대로 줄을 맞춰 행진하고 있는 병사들의 열병식을 보는 것처럼 장엄한 물결이다.

• 2007년 페이스북 모바일 페이지 출시
• 2007년 11월 아마존 킨들 전자책 단말기 출시

- 2008년 11월 삼성 옴니아 국내 출시

- 2009년 3월 아이폰 전용 아마존 킨들 앱 출시

- 2009년 11월 국내 아이폰 3G 출시

- 2010년 7월 첫 안드로이드 탑재 스마트폰인 삼성 갤럭시S 출시

- 2010년 3월 카카오톡 출시

- 2010년 10월 인스타그램 출시

이때부터 웹에서 서비스되던 대부분 콘텐츠, 즉 SNS, 동영상, 게임 등이 본격적으로 모바일로 옮겨갔다. 그리고 아이폰이 쏘아 올린 모바일 시대 개시 팡파르와 함께 난독의 시대도 본격적으로 가속화됐다.

SNS 서비스와 난독의 확산

2011년 8월 페이스북 앱이 출시되면서 유튜브, 인스타그램과 함께 검색 시장에 변화가 일어났다. 구글이나 네이버 등 텍스트 기반 검색 시장의 주도권이 유튜브(동영상)로 넘어오면서 사람들이 점차 글을 멀리하게 됐다. 예를 들어 '스테이크 굽는 법'을 네이버나 구글에서 검색한 뒤 재료의 양부터 조리 도구까지 하나하나 읽어가면서 요리를 하는 것이 아니라, 동영상을 실시간으로 재생해 따라

하는 것이 대세가 됐다.

　여론 조사 업체 나스미디어가 국내 만 15~69세 PC 및 모바일 인터넷 동시 이용자 2,000명을 대상으로 조사한 '2021년 인터넷 이용 조사'에 따르면, 한국의 전통적인 검색엔진인 네이버를 제외할 때 정보 검색 이용률이 가장 높은 플랫폼이 바로 유튜브였다.[●] 나스미디어는 '특히 1020세대는 다른 연령대보다 유튜브를 정보 검색에 활용하는 비중이 높다'고 분석했다. 또한 구글은 전문 정보 검색에 많이 활용되고, 인스타그램에서는 특정 분야(여행, 맛집, 패션, 뷰티, 연예) 검색에 많이 쓰였다.

게임 시장의 다양화와 난독의 극심화

2009년 출시된 '애니팡'을 필두로 화려한 효과와 이용자 간의 경쟁 심리를 이용한 매력적인 게임들이 출시됐다. 컴퓨터로 게임을 하는 것보다 훨씬 간편하고 접근하기 쉬워서 모바일 게임 이용자가 기하급수적으로 늘었다. 비슷한 시기에 국내외 유수 게임 회사들도 모바일 시장에 진출했기에 PC방에 가지 않아도 즐길 수 있는 게임들이 넘쳐났다. 이후에는 모바일을 기반으로 한 게임들이 오히려 PC 게임으로 진출하기도 했다. 결과적으로 온라인을

●　　https://www.nasmedia.co.kr/NPR/2021/

주도하던 PC방 업계의 몰락이 급격히 진행된 것도 이즈음의 일이다.

작은 화면에 모든 것을 담아야 하기에 필연적으로 스크롤을 해야만 했는데, 모니터를 보면서 마우스로 스크롤하는 것보다 손가락으로 화면을 쓸어올리고 쓸어내리는 행위는 당시 사람들에게 놀라운 경험이다. 게다가 PC가 아니면 볼 수 없었던 다양한 것들이 이제는 손안에 들어와 손끝으로 터치하면 나타나고, 화면 전환 역시 마우스 스크롤보다 훨씬 부드럽고 빠르니 얼마나 경이로웠겠는가.

잊고 있던 친구의 소식만 접할 수 있는 게 아니라 친구의 전화번호를 몰라도 연락을 주고받을 수 있게 됐으며, 새로운 친구를 사귈 수 있는 장이 마련되어 전 세계가 촘촘히 연결됐다. 한편 일기장에나 쓸 만한 지극히 개인적인 사정을 자랑이라도 되는 듯 공공연하게 업로드하는 사람이 늘어났고, 그것이 광고성 글이나 유머 글에 섞여 범람하게 됐다.

그리고 내가 검색한 모든 것, 내가 업로드하거나 공유한 모든 것이 서버에 저장돼 이른바 '4차 산업의 쌀'이라고 하는 빅데이터로 활용되고 분석됐다. 이를 반영하여 진화한 알고리즘이 또다시 다른 누군가에게 핸드폰을 더 많이 사용하도록 편리함과 재미를 제공하는 새로운 산업 생태계가 만들어졌다.

하지만 제일 큰 문제는 따로 있다. 스마트폰이 본격적으로 보급된 후 지난 10여 년간 한국을 포함하여 전 세계에서는 시선을 수평으로 이동시키며 읽는 독서가 아니라 마치 두루마리 화장지에 적힌 무한의 커닝페이퍼를 보듯 시선을 수직으로 이동시키는 검색이 정보 습득의 행태로 자리 잡았다. 또한 스마트폰의 너비만큼 좁아진 시야는 시선 고정으로 이어졌다. 글을 끝까지 읽지 못해 어휘력과 이해력이 하향 평준화된, '난독의 시대'가 도래한 것이다.

전자책의 보편화

애플의 아이폰 출시와는 별개로 세계 독서 시장을 제패하겠다고 나선 발칙한(?) 기업이 있었다. 바로 아마존이다. 2004년 제프 베조스는 세계 전자책 시장을 선도하는 전자책 리더e-reader의 리더leader가 되겠다고 선언했다. 그리고 3년 뒤 아이폰의 열기가 대단하던 시점에 독자적으로 전용 전자책 리더인 킨들을 내놓았고, 출시 6시간 만에 매진될 정도로 폭발적인 호응을 얻었다.●

그런데 첫 출시 때 399달러(약 53만 원)였던 기기가 지금은 140달러(약 18만 원) 정도로 반값 이하 수준이 됐다. 전자책 시장을 독점하기 위해 매년 출시할 때마다 가격을 낮추면서 출혈을 감수한 것이

●   https://www.engadget.com/2007-11-21-kindle-sells-out-in-two-days.html

다. 결과적으로 전자책 시장을 독점하긴 했지만, 그 공은 결코 킨들이라는 IT 기기에 있지 않다. 왜 그럴까?

아이폰이 출시되고 1년이 좀 지났을 때 아마존은 아이폰의 인기를 실감한 듯하다. 아이폰이 출시되고 2년 뒤인 2009년, 아마존은 아마존 모바일 앱과 아이폰 전용 아마존 킨들을 출시했다. 아이폰의 인기와 더불어 아마존 킨들은 모바일 기기 전자책 앱으로 자리매김했고, 이 분야를 선도했다. 그로부터 2년 뒤인 2011년, 스마트폰이 본격적으로 보급되기 시작하면서 미국 내 출판사 전체의 전자책 판매량은 전년 대비 139%(2010년 6,900만 권, 2011년 1억 6,500만 권) 급증했다. 이후 미국 내 전체 출판사의 전자책 판매량은 2013년을 기점으로 계속 감소하고 있지만, 이후로도 아마존북스는 전자책 시장을 독점하기 위해 2014년 무제한 구독 서비스를 도입했다. 그 결과 2021년 1월 기준 아마존 전체 매출의 10%를 차지하며,

미국 내 전자책 판매량 변화

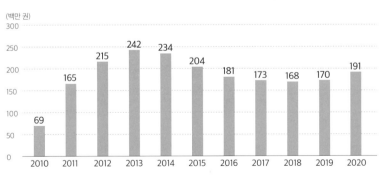

자료: stastista

그 수입은 약 2억 8,000만 달러(약 4,000억 원)에 달한다고 한다.●

아마존이 이처럼 성장한 것과는 별개로, 종이책 판매량은 2018년 이후로 급감했다. 미국 전역에 600여 개의 매장을 보유한 전통적인 공룡 반스앤노블Barnes & Nobles은 연간 1억 9,000만 권을 판매했다. 하지만 최근 몇 년 사이 일어난 독서 시장의 변화를 따라잡지 못했고, 결국은 2019년 영국계 사모펀드인 엘리엇 매니지먼트Elliott Management에 6억 8,300만 달러(약 8,400억 원)에 매각됐다.

새로 취임한 CEO 제임스 던트James Daunt는 "우리 회사는 더 이상 책을 판매하는 서점이 아닙니다. 우리 회사는 이제 리딩 서비스를 판매합니다"라고 하면서 아마존의 대체 시장을 확립하고 싶다는 포부를 밝혔다. 아마존에 노골적으로 도전한 셈이다.

반스앤노블 매출 변화

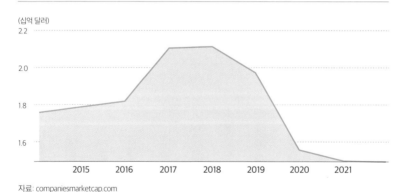

(십억 달러)

자료: companiesmarketcap.com

● https://www.techtarget.com/searchaws/feature/Amazons-impact-on-publishing-transforms-the-book-industry

이 회사는 향후 아마존을 능가하는 전자책 서비스 회사가 될 전망이다. 조만간 두 회사의 경쟁적 리딩 서비스가 부디 미국에 있는 1억 이상의 난독자들에게 구원의 손길이 되어 난독의 시대를 끝장낼 새로운 파도를 일으키기를 진심으로 바란다. 전자책에서의 혁신과 시장 창출의 핵심은 난독 치료 기능을 가진 전자책밖에 없다. 나머지는 모조리 부차적인 문제일 뿐이다.

전자책의 장점은 하나의 태블릿에 여러 권의 책을 넣고 다닐 수 있다는 것만이 아니다. 이미 존재하는 RSVP(4장 참조)나 워드플레이어 등의 문자 표시 변환 기술을 탑재해 보급하기만 해도 난독자 중 상당수를 헤비리더(한 달에 2~3권 이상의 책을 정기적으로 읽는 독서가)로 변모시킬 수 있다. 이런 일들이야말로 아마존이나 반스앤노블 같은 리딩 서비스 대기업들의 몫이다.●

2015년 2월 유튜브 키즈 출시: 유·초등 난독의 원흉

2015년 2월 유튜브 키즈가 전 세계적으로 출시됐고, 당연히 아이폰으로 서비스됐다. 국내에는 2년 후인 2017년 5월에 상륙했는데, 이 책의 주제인 난독인을 만들어내는 데 지대한 공헌(?)을 했으므

●   https://www.barnesandnobleinc.com/press-release/barnes-noble-acquired-elliott-owner-waterstones-bringing-together-leading-booksellers-us-uk/

로 특히 주목할 필요가 있다.

이미 전 세계 수억 개의 동영상을 서비스 중이던 유튜브는 돌연 '가족'을 위한다며 '유튜브 키즈'를 출시했다. 콘텐츠는 오직 아동용 동화·만화와 아동용 오락물 등으로 유·아동에 한정되어 있고, 광고 없이 자녀의 시청 시간과 검색 내용을 관리할 수 있다는 면에서 지금까지도 육아를 하는 부모들에게는 필수적인 앱으로 여겨지고 있다.

TV에서밖에 볼 수 없었던 아동용 애니메이션을 언제 어디서나 틀어놓을 수 있다는 이 장점이 유아기 스마트폰 동영상의 무분별한 노출로 이어졌다. 옆에서 쳐다보는 사람까지 힘들게 할 만큼 천방지축으로 떼쓰며 우는 아이라도 부모의 스마트폰이면 마법처럼 간단히 제압된다. 또한 집에서 동화책을 읽기 싫어하는 아이들에게 동영상으로 된 동화를 들려주면 깊이 빠져들어 시청한다. 식당이나 카페에서 스마트폰을 가로로 놓고 넋이 나간 듯이 애니메이션에 몰두하고 있는 아이들을 심심찮게 볼 수 있을 것이다. 집에서도, 밖에서도, 공공장소에서도 아이들은 열심히 무언가를 시청하고 있다.

문제는 유튜브 키즈에 나오는 콘텐츠 자체가 아니다. 스마트폰 이용 연령대가 점점 낮아져 이제는 유·아동에게까지 영향을 미친다는 것이 진짜 문제다. 동영상 의존도를 높여 글자(글)를 멀리하게 함으로써 급격히 난독으로 이끌기 때문이다. 유튜브 키즈는 소비자들의 수요에 맞춰 나온 동영상 플랫폼이고 지금 일어나고 있는 현상을 대변할 뿐이다.

유·아동이 스마트폰 동영상 자극에 노출되어 뇌 발달에 장애를 겪는다는 내용은 이미 10년 전부터 언론에서 보도해왔다. 2012년 〈중앙일보〉에서는 엄마의 스마트폰을 장난감처럼 갖고 노는 세 살 유아를 가만히 놔두자 성격이 난폭하게 변했으며 결국 자폐증 진단을 받았다고 보도했다.●

스마트폰 이용률이 한창 증가하던 2015년에도 KBS에서 실제 중독 사례와 보스턴대학교 연구팀 및 정윤경 가톨릭대 심리학과 교수의 연구를 인용해 유아기 스마트폰 중독 폐해에 관한 특집 기사를 보도했다. 이들은 특히 '유아기 스마트폰 사용은 뇌 손상이 생길 수 있다'며 강력하게 경고했다.●●

2017년 〈헬스조선〉에서도 영·유아기에 스마트폰을 반복적으로 보면 뇌가 불균형하게 발달해 사회성이 부족해지거나 언어 발달이 지연되는 등의 여러 문제가 생길 수 있다고 보도했으며,●●● 심지어 2019년 〈한경바이오인사이트〉에서는 국내 만 3~9세 어린이의 스마트폰 중독이 발달 장애로 이어질 수 있다는 충격적인 기사를 내놨다.●●●●

●　　https://www.joongang.co.kr/article/9071164#home
●●　　https://news.kbs.co.kr/news/view.do?ncd=3025795
●●●　　https://m.health.chosun.com/svc/news_view.html?contid=2017050203122
●●●●　https://www.hankyung.com/society/article/2019051781651

스마트폰 중독: 청소년 문해력 붕괴의 서막

이미 대한민국 사람들에게 스마트폰은 없어서는 안 될 분신이 되어 버렸다. 과학기술정보통신부가 2021년 5월 발표한 무선통신 서비스 가입자 통계에 따르면, 2021년 4월 기준 국내 스마트폰 회선은 5,259 만여 개다.● 좀 과장하자면 유·아동과 초등학교 저학년을 제외한 모든 국민이 스마트폰을 1개 이상 가지고 있다는 얘기가 된다.

한국갤럽이 2021년 6월 만 18세 이상 1,003명에게 현재 스마트 폰 사용 여부를 물은 결과 95%가 '사용한다'고 답했다.●● 이 수치

연령별 스마트폰 사용률 변화

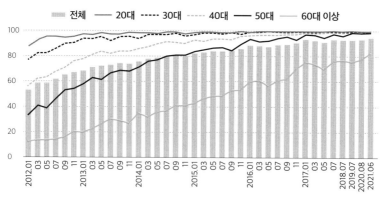

※ 전국 성인 기준. 2012~2017년은 한국갤럽 데일리 오피니언 월별 통합 결과에서 홀수 월만 제시
※ 월별 조사 사례 수는 최소 3,014명에서 최대 7,831명(표본오차 ±1.8~1.1%포인트, 95% 신뢰수준)
※ 2018~2021년 월별 사례 수는 약 1,000명(표본오차 ±3.1%포인트 , 95% 신뢰수준)
자료: 한국갤럽

●　 https://www.msit.go.kr/bbs/view.do?sCode=user&mId=99&mPid=74&bbsSeqNo=79&nttSeqNo=3173401
●●　https://www.gallup.co.kr/gallupdb/reportContent.asp?seqNo=1217

는 2017년 93%에서 큰 변함이 없었으나, 2012년 53%와 비교하면 10년도 안 돼서 스마트폰 이용 인구가 2배 가까이 늘어난 것이다.

청소년 문해력 지표 변화

SBS스페셜 다큐멘터리 〈난독시대〉 중 이순영 교수의 인터뷰 내용을 소개한다.

"2006년에는 (전 세계 만 15세 학생들의 학업성취도 평가인 PISA 테스트에서 대한민국이) 1등을 했지만, 그 이후로 읽기 능력의 국가 순위가 지속해서 하락해 2015년 기준 10위권이 됐다. 더 심각한 건 읽기 능력이 떨어지는 나라 중에서 대한민국의 읽기 능력 수준이 더 뚜렷하게 하락하고 있다는 것이다. 가장 큰 특징은 5레벨 중 하위에 속하는 1·2레벨의 아이들이 굉장히 많이 늘어나고 있다는 것이며, 이 비중이 전체의 32.9%에 달한다. 즉, 교실의 3분의 1에 달하는 학생들은 교과서를 읽고 이해한다거나 교과 학습을 정상적으로 수행하는 것이 불가능하다는 뜻이다."

PISA 2018년(최신 통계)에는 읽기 종합 순위 9위로 올라섰지만, 세계 최고이던 예전 상황과 비교해보면 여전히 까마득하게 낮다.●

스마트폰이 불러온 파급효과

한국지능정보사회진흥원과 과학기술정보통신부가 2020년 실시

●   https://www.oecd.org/pisa/Combined_Executive_Summaries_PISA_2018.pdf

한 스마트폰 과의존 실태 조사에 따르면, 2020년 유·아동의 스마트폰 과의존 위험군은 27.3%로 전년도 대비 4.4% 증가했다. 그리고 청소년의 스마트폰 과의존 위험군은 전 연령대에서 가장 높은 비율인 35.8%를 기록하여 전년도 대비 5.6% 상승했다. 또한 20~50대 성인 4명 중 1명은 스마트폰 과의존 위험군에 속한다고 발표했다. 해마다 스마트폰 과의존 위험군의 비율이 증가했지만, 팬데믹이 한창이던 2020년에는 특히 큰 폭으로 늘었다.

연도별 스마트폰 과의존 위험군 현황(%)

자료: 한국지능정보사회진흥원, 과학기술정보통신부

연도별·대상별 스마트폰 과의존 위험군 현황(%)

스마트폰 중독 자가 진단

이쯤 되면 자신이 스마트폰 중독은 아닌지 한 번쯤 돌아보게 될 것이다. 다음 8개 항목 중에서 4개 이상 해당한다면 스마트폰 중독이다.●

1. (업무나 학업 등에서) 자신의 목표치나 효과를 이루려면, 핸드폰을 더 많이 사용해야 한다.
2. 핸드폰 사용을 줄이려고 하지만 번번이 실패한다.
3. 핸드폰 사용 시 심취한다(정신을 못 차린다).
4. 불안이나 우울증과 같은 원치 않는 감정을 경험할 때면 휴대폰으로 눈을 돌린다.
5. 시간 감각을 느끼지 못할 만큼 과도하게 사용한다.
6. 과도한 핸드폰 사용으로 대인관계나 직장(학교)에서 문제를 겪는다.
7. 신종 기기에 대한 욕구, 더 많은 앱 설치 또는 더 많은 앱 사용 등에 관대하다.
8. 네트워크(인터넷)가 끊겼을 때 다음과 같은 금단 증상을 보인다: 화가 남, 긴장됨, 우울해짐, 짜증남, 참기 어려움.

●   https://www.psychguides.com/behavioral-disorders/cell-phone-addiction/signs-and-symptoms/

청소년기 스마트폰 사용량에 따른 성적, 집중도, 인지 능력 변화

스마트폰을 오래 사용하면 할수록 집중력이 저하되고 성적이 떨어진다는 사실은 이제 상식이 됐다. 특히 자기 전의 스마트폰 사용은 수면의 질을 떨어뜨리고 신체를 피로하게 한다. 또한 여러 가지 부정적인 감정(우울감, 불안감)을 불러일으킨다. 심지어 어떤 과학자는 스마트폰 중독을 ADHD나 알코올 중독과 같은 계열에 놓고 비교하기도 했다.[•] 인지 기능 손상, 감정 조절 장애, 소셜 네트워킹 중독, 낮은 자존감 등을 이유로 스마트폰 과의존에 대한 결과가 알코올 중독과 비슷하다는 것이다.

하지만 스마트폰 과의존이 가져오는 가장 큰 문제는 자제력 저하다. 감정적으로 안정되지 못하며, 자극적인 것에 취약해진다. 2014년 〈의협신문〉이 정신과 전문의 121명을 대상으로 청소년 스마트폰 과의존에 따른 문제점을 설문한 결과 65%가 '자기 조절 능력 또는 통제력 부족'을 꼽았고, 18%도 이와 비슷하게 '과다 사용 또는 중독 위험'을 꼽았다.[••] 최근 부각된 난독 현상과 스마트폰 과몰입 간에 분명한 상관관계가 있음을 알 수 있다.

[•] Wacks Y. (2021), "Excessive Smartphone Use Is Associated With Health Problems in Adolescents and Young Adults", Frontiers. Retrieved September 13, 2022, https://www.frontiersin.org/articles/10.3389/fpsyt.2021.669042/full

[••] https://www.doctorsnews.co.kr/news/articleView.html?idxno=99936&replyAll=&reply_sc_order_by=I

우리 곁에 침투한
난독 현상

난독으로 학습 효과가 떨어지는 아이들:
학교 현장에서의 사례

2018년 방영한 SBS스페셜 다큐멘터리 〈난독시대〉는 많은 사람에게 충격을 줬다. 난독이라는 용어와 그 실태가 공중파인 SBS를 통해 대한민국 국민들에게 공개적으로 노출된 역사적 사건으로 기억된다.

　방송 내용 중 일부를 소개한다.

　"초등학교 고학년이 되고 나서부터는 책을 읽지 않는다."

　"재미도 없고 이해도 안 된다."

"핸드폰을 너무 많이 하고 바쁘다."

"핸드폰을 하거나 놀러 가는 게 더 좋다."

그렇다, 역시 주범은 스마트폰이었다. 또 다른 에피소드에서는 중학교 교실에 일본의 AI 로봇 '도로보 군'을 등장시킨다. 이어 인공지능도 풀었다는 아주 쉬운 문제 하나를 낸다.

Alex는 남성과 여성 모두가 사용하는 이름으로, 여성의 이름 Alexandra의 애칭인 동시에 남성의 이름 Alexander의 애칭이기도 하다.

문제: Alexandra의 애칭은 (   )이다.

본문에 떡하니 나와 있듯이 답은 Alex다. 이 문제에는 4개의 보기가 주어졌는데, 놀랍게도 무려 30%가 틀렸다. 중학교 2학년~고등학교 2학년 175명을 대상으로 위 문제를 포함하여 도로보가 풀어낸 9개의 독해 문제를 풀게 했는데, 정답률이 70%에 그친 것이다.

정답은 'Alex'이지만, 학생들이 선택한 오답 중에서는 '여성'이 제일 많았다. 어려운 어휘가 없는데도 틀렸다는 것은 문제의 문장을 제대로 읽지 않은 상태에서 다시 지문으로 돌아갔더니, '여성의 이름 Alexandra'가 눈에 띄어서일 것이다. 이후 문제를 다시 보니 'Alexandra의 애칭'이라는 문장과 조금 전 눈에 띈 '여성의 이름 Alexandra'가 혼동되어 짧은 시간에 풀어내야 한다는 압박감으로 덜컥 찍은 건 아닐까?

모르는 어휘는 없는데 문장이 이해가 안 됐다는 것은 다음과 같은 원인을 생각해볼 수 있다.

1. 모든 글자를 읽지 않았다.
2. 단어와 단어가 연결되지 않는다.
3. 문장의 논리 구조가 그려지지 않는다.

모든 글자를 읽지 않으면 당연히 단어가 붕 뜰 것이고, 문장의 논리는커녕 내가 방금 무엇을 읽었는지도 모르게 지나가서 심지어 자기가 무엇을 모르는지도 모르게 된다. 물론 모르는 단어 없이 문장 속의 글자를 다 읽었어도 문장이 이해가 안 될 수도 있다. 이런 경우는 그저 그 문장이 생소하게 느껴진 결과일 뿐이고, 앞으로 꾸준한 독서를 통해 관련 지식을 늘려나가면 된다.

이런 현상은 시험 문제를 맞히느냐 아니냐의 문제에서 끝나지 않는다. 교육계를 시작으로 이미 사회 전반에 퍼져 있는 난독 현상은 우리의 인지 능력을 점점 퇴보시키고 있다. 다음과 같은 예시가 결코 남의 일처럼 느껴지지 않는다면, 이 글을 읽고 있는 당신도 난독이다.

1. 신문 기사를 보면서 제대로 이해하지 못하는 부분이 많다.

2. 전공 책의 내용이 어려운 것도 있지만, 해석이 안 돼서 이해가 안 된다고 느낀다.

3. 조금은 어려운 상식 어휘에 대해 도전의식보다는 자격지심을 느낀다.

4. 소설책을 읽어도 10페이지 이상 읽는 게 너무 지루하고, 읽어도 등장인물을 모르겠다.

5. 사회, 경제 관련 기사를 읽을 때 잘 안 읽힌다.

6. 신청 요강을 이해하지 못하겠다.

7. 천천히 읽으면 귀찮아서 스크롤로 화면을 빠르게 넘기며 눈으로 훑어 내려간다.

예를 들어 다음과 같은 문구가 있다고 하자.

'여러분의 열화와 같은 성원에 힘입어'

문해력이 부족한 사람들은 이걸 보고 아마도 다음과 같은 반응을 보일 것이다.

1. '열화'나 '성원'을 모른다.
2. 성원'에'인지 성원'의'인지 헷갈린다.

심지어 2030이 자주 방문하는 커뮤니티 사이트는 줄글 위주의 글들이 많은데, 그조차 3줄 요약을 하지 않으면 글이 아무리 재밌어도 조회 수가 나오지 않는다. 그러면 게시자는 조회 수를 올리기 위해 부득이하게 타협을 해야 한다. 경제 용어에서 사회 용어로 확장된 '악화가 양화를 구축하는 현상'이 벌어지는 것이다. 지식을 무지 수준으로 끌어내려야 비로소 소비되는 세상이 되어버린 것이다.

우리 안에서 타협하는 것으로 끝날 일이 아니다. 이걸 그대로 보고 넘기기 시작하면 어느결에 사회의 정보 흐름이 진실과는 거리가 먼 쪽으로 흐르게 될 것이다. 무지한 대중을 다룰 줄 아는 정치적 프로파간다만이 판을 치는 요지경 세상이 되더라도 대중은 이것이 왜 문제인지 알지 못할 것이다. 다시 말해, 사회가 썩고 있어서 자정작용을 할 게시물이 올라와도 대중이 이를 못 읽는 비극이 벌어지게 될 것이다. 결과적으로 사회는 자정작용을 잃어버리고 썩어갈 것이다.

난독으로 직장 생활에 어려움을 겪고 있는 어른들: 직장 현장에서의 사례

● ● ●

2021년에 방송된 EBS 다큐멘터리 〈당신의 문해력〉에서는 IT 융합

학과 석사 출신의 정보보안 솔루션 전문가 염 씨가 출연했다.[•] 그는 격에 맞지 않는 어휘를 사용했다는 이유로 종종 보고서를 반려당했고, 정보보안 산업기사 자격증 공부를 하는데 같은 문제를 몇 번이고 다시 읽느라 진도를 나가지 못했다. 그는 "읽다 보면 어디까지 읽었는지 몰라 다음 줄을 못 찾을 때가 많다"고 말했다.^{••}

이는 현재 2030세대에 대한 기업인들의 인식에서도 여실히 드러난다. 2020년 9월 취업 사이트 사람인이 기업인들을 대상으로 실시한 설문조사에서 10곳 중 6곳이 '젊은 세대, 국어 능력 낮다'라고 평가했다. 이들은 '보고서, 기획안 등 문서 작성 능력 부족'과 '구두 보고 및 업무 지시 이해 능력 부족'을 가장 큰 문제점으로 지적했다. 그다음으로 지적한 문제는 '텍스트 기반 소통 능력 부족(글을 읽지 못하는 상태)'과 '구두 기반 소통 능력 부족(말귀를 알아듣지 못하는 상태)'이었다.

이게 무슨 소린가? 젊은 직장인들이 보고서 작성은 물론이고 심지어 상사의 지시조차 제대로 이해하지 못해 쩔쩔맨다는 얘기다. 글로도 소통하지 못하고 말로도 소통하지 못한다니, 그럼 직장 생활은커녕 업무를 어떻게 본단 말인가? 한마디로, 모두가 난독 현상이라고 볼 수 있지 않을까? 72쪽에 열거한 일곱 가지 예시

•   https://www.youtube.com/watch?v=3GVH9k2uqqE&list=PLJqAjxmMJo1HJpxXpx3QAoNfjWpknAkv5&index=3

••   https://www.youtube.com/watch?v=kkz3C7TR7oA&list=PLJqAjxmMJo1HJpxXpx3QAoNfjWpknAkv5&index=2

를 한 번 더 참고하기 바란다.

난독으로 일상생활이 어려운 사람들: 일상생활에서 난독의 증상

만일 성인 중에 "나는 책보다 오디오북이 더 편하다"라고 말하는 사람이 있다면 이는 곧 "나는 최소 난독 초기 이상에 해당하는 사람이다"라고 광고하는 것과 같다. 나이가 들어 눈이 침침하다고 책을 멀리하다 보면 독서 기능이 점점 퇴화한다.

어릴 때부터 난독 증상이 있었거나 성인이 되어 책을 오랫동안 멀리한 끝에 독서 능력이 퇴보한 사람들 중에는 책을 읽고 싶은데도 읽히지 않는 상태에 이른 이들이 상당히 많다. 이런 사람들은 글을 읽고 있다고 착각하지만 사실 책을 덮고 나면 내용을 잘 기억하지 못한다.

또한 글을 띄엄띄엄 읽고 건너뛰면서 읽는 경우가 많다. 그러다 보니 기사를 보더라도 글자 수가 많은 건 읽지 않고 제목만 본다. 제목만 읽고 "이런 일이 있었대"라고 화제를 꺼냈다가 "그래서 어떻게 됐는데?"라는 질문을 받으면 자세한 내용은 잘 모른다고 대충 얼버무린다.

더욱 황당한 일은 학부모 중에 가정통신문조차 제대로 이해하지 못하는 이들이 있다는 것이다. '교과서는 도서관의 사서 선생님께 반납'을 '책을 사서(구매해서) 제출하라'로 잘못 받아들였다든지, '모형 햄버거의 재료인 클레이나 찰흙을 준비하라'라는 알림을 '햄버거'라는 단어만 보고 실제 빵과 야채를 준비해 보내서 담임 선생님을 당혹스럽게 했다든지 하는 정도는 애교에 속한다. 코로나19 사태로 원격수업을 할 때 구체적인 원격수업 준비 절차를 공지했지만, 여전히 이해하지 못하고 담임 선생님께 '요즘 누가 글을 읽나, 동영상으로 찍어 보내달라'라며 자신의 무식을 부끄러워하지 않고 교사에게 무리한 요구를 하는 전화가 쇄도했다고 한다. 또 '교내 건강검진'이라는 말을 이해하지 못하고 자꾸 '어디 병원으로 보내야 하냐'는 문의 전화가 쏟아졌다는 얘기도 들었다. 그 때문에 한 학교당 200여 건이던 가정통신문 발행 건수가 코로나19 사태 이후 900여 건으로 폭증했다고 한다. 점점 피로 사회가 되어가는 것이다.

스마트폰으로 동영상을 제작하는 것이 아무리 옛날보다 쉽고 빨라졌다고 해도 말과 글자보다 빠르겠는가. 그림과 동영상은 말과 글을 보조하는 수단이지 결코 대신할 수는 없다. 이런 진실 앞에 애써 눈을 감고 억지를 부리는 사람들이 점점 더 늘어간다면, 결국 읽을 줄 아는 사람들이 불편을 감수해야 하는 걸까?

미국 인구의 절반이 난독이다

그렇다면 외국의 상황은 어떨까? 2019년에 미국 교육부 산하 교육 과학연구소의 국립교육통계센터가 16~55세 인구의 문해력 보고서를 발표했다. 보고서는 OECD 산하 국제성인역량조사 프로그램인 PIAAC^{Programme for the International Assessment of Adult Competencies} 5레벨 중 레벨1 이하의 인구가 21%이고, 레벨2까지 합하면 52.6%에 달한다고 밝혔다.●

미국 교육과학연구소에서는 PIAAC 레벨1을 '인쇄물을 이해하거나 사용하는 데 어려움을 겪는다'라고 설명한다. 레벨1 이하의 사람들은 매우 기초적인 어휘 정도를 이해할 수 있으며, 매우 익숙한 주제에 관한 특정 정보만을 이해할 수 있다. 즉 지금 아는 것이 별로 없고, 어휘력이 극히 부족하며, 자신이 늘 쓰는 말 외에 다른 말이나 주제를 새로 배워 이해하는 능력이 매우 부족하다는 뜻이다.

PIAAC 레벨2에 해당하는 사람들은 (글에) 어느 정도 익숙하지만, 여전히 문자 기반의 정보를 다루는 데 어려움을 겪는다. 인쇄물과 전자 문서를 읽고 다양한 정보를 연관 지을 수 있지만, 복잡한 추론과 평가는 매우 어려워한다. 다시 말해 지금 읽은 문서의 내용이 엉터리인지 신뢰할 수 있는 정보인지를 판단할 수 없다는

●　　https://nces.ed.gov/pubs2019/2019179.pdf

미국 16~55세 인구의 PIAAC 문해력 분포도

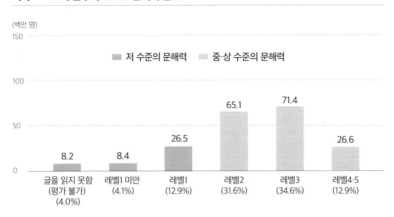

자료: 미국 국립교육통계센터

말이니, 이 단계 역시 심각하기는 매한가지라는 것이다.●

정리하자면, 미국인 10명 중 2명(PIAAC 레벨1)은 어휘 부족성 난독이고 이로 인해 익숙하지 않은 다른 정보를 습득하기가 매우 힘들며, 10명 중 3명(PIAAC 레벨2)은 평소 문자 생활에는 지장이 없을 정도의 어휘를 구사하지만 문서를 정독하는 습관이 없거나 건너뛰면서 읽는 시각 이동 장애성 난독이어서 복잡한 추론과 평가를 매우 어려워한다는 것이다. 결론적으로 16~55세 인구의 절반이 넘는 52.6%는 자신의 나이와 학업과 직업에 필요한 정확한 정보에 접근하고, 이를 통해 지식을 습득하며 학업이나 직업에 활용하는 것이 몹시 어려운 상태, 즉 난독인이라고 볼 수 있다.

이는 매우 심각한 상황으로, 이대로 두면 미국 인구의 절반이

● https://nces.ed.gov/surveys/piaac/doc/PIAAC-SAE-Brochure.pdf

독서 생활과는 영영 격리되고 만다. 그러면 지금처럼 정보가 홍수처럼 쏟아지고 인간이 이를 어떻게든 처리하고 살아야 하는 4차 산업의 정보화 시대에 뒤처진 삶을 살아갈 수밖에 없다.

난독증과 난독은
구별해야 한다

난독증과 난독

난독증^{Dyslexia}이란 정신의학에서 다루는 정신 질환의 일종이다. 가장 중요한 특징은 선천성이며 유전적 영향이 크다는 점이다. 학생이 난독증을 앓고 있으면 부모가 같은 증상을 갖고 있을 가능성이 크다. 이를테면 '태극기'라는 말을 알아듣고 이를 주제로 대화도 나눌 수 있지만, 글로 쓰인 '태극기'는 소리 내어 읽지 못하는 증상이 대표적이다.

난독증의 원인은 아직 확실하게 밝혀지지 않았으나 언어를 담당하는 좌뇌의 기능 저하로 보고 있다. 한국난독증협회는 난독증의 원인이 청지각, 시지각, 운동신경의 이상이 아니라 뇌 부위간 신경연결의 돌연변이 또는 유전이라고 설명했다.[•] 현재까지도 난독증의 원인이 규명되지 않았으므로 이에 따른 치료 방법도 교육자, 과학자, 의학자별로 조금씩 다르다. 즉, 확실한 치료 방법이 아직 없다는 얘기다.

난독증은 선천적인 독서 장애인 반면, 난독Acquired Reading Disability 은 후천적이며 환경과 생활 습관의 영향을 크게 받는다. 좀 더 정확하게 표현하자면, 난독은 독서 능력이 길러지고 완성되어야 할 시기에 문자로 이루어진 문서나 책(전자책 포함) 대신 유튜브 키즈로 대표되는 동영상이나 스마트폰 게임에 과도하게 몰입한 결과 문자에 대한 흥미를 잃어 글 읽기 양이 부족해진 것이 주원인이다.

이후 초등학교를 지난 뒤에 일어나는 난독 현상은 여기에 카톡·페이스북·인스타그램 등 짧은 텍스트로 소통하는 SNS 서비스에 몰두하다가 어휘 부족이 심화되고, 스크롤 기능의 과도한 사용으로 시각이 위아래로 움직이는 습관이 든 것이 원인이다. 독서의 기본인 좌우 시각 운동이 위아래 위주로 나쁘게 변형된 결과다.

성인의 난독은 이전 시기 난독 증상이 심화된 것뿐만 아니라, 학창 시절에 책을 잘 읽던 사람조차 동영상이나 단문 서비스 등의 과도한 이용으로 점차 책을 멀리함으로써 읽기 능력이 퇴화한 것이 원인이다.

[•]   한국난독증협회, http://www.kdyslexia.org/?c=1/8&uid=84

난독의 일반적 특징

난독의 일반적 특징은 다음과 같다.

1. 글보다 영상이나 오디오북이 더 편하다고 느낀다.
2. 글을 읽어도 내용이 잘 이해되지 않는다.
3. 문장을 처음부터 끝까지 다 읽지 않는다.
4. 두꺼운 책이나 긴 글에는 일단 거부감을 느낀다.
5. 어휘력이 부족하다.
6. 책을 사면 서문과 처음 10쪽을 읽고는 더 이상 못 읽는다.
7. 독서 속도가 매우 느리다(1초에 두 단어 이상 읽지 못한다).
8. 낭독을 할 때면 평소 말하는 것보다 발음이 뭉개지고 느리며 호흡이 고르지 못하므로 낭독을 기피한다.
9. 이해가 가지 않아 같은 문장을 세 번 이상 되풀이하여 읽는 일이 잦다.
10. 모르는 단어나 처음 보는 단어는 습관적으로 건너뛰면서 읽는다.

10개 중 당신은 몇 개나 해당하는가? 이 목록을 보면 전 국민 중에서 난독 아닌 사람을 찾아내는 편이 더 쉽지 않을까 싶을 것이다. 실제로 그렇다. 받아들이기 어렵겠지만 인정해야 할 현실이다. 난독, 즉 후천성 독서 장애 현상은 이미 우리 일상 깊숙이 잠식해 들어왔다. 다만 희망적인 것은 개인의 자각과 노력으로 완치할 수 있다는 것이다.

이 책에서는 정신신경과 영역인 난독증보다 더 광범위하고, 소아·청소년이 접하고 있는 다양한 교육 환경과 연관성이 깊은 난독의 진단과 치료 문제를 중점적으로 다룬다. 지금이라도 학교와 가정에서 집중적으로 인식하고 관리·개선해나가면, 정부와 공공 기관은 물론 관련 업계의 적극적 참여를 끌어낼 수 있기 때문이다. 그러면 머지않은 장래에 난독을 극복할 수 있음은 물론 전화위복의 기회도 될 수 있다.

난독을 진단하고 극복 훈련을 하는 과정은 뒤에서 더 깊이 있게 다룰 텐데, 일단 여기서는 난독증과의 중요한 구별점을 인식하기만 해도 충분하리라고 본다. 쉽게 말해 선천성은 난독증, 후천성은 난독이라고 구별하면 실수가 없을 것이다.

난독 및 난독증과 ADHD의 상관관계

일부 학부모는 아이가 수업을 따라가지 못해서 등교와 학습을 거부하는 등 행동 문제의 모든 원인이 주의력 결핍이라고 생각하는 경향이 있는 것 같다.

한림대학교 동탄성심병원 소아청소년과 김성구 교수는 "실제로 ADHD가 의심되어 병원을 찾았다가 난독증도 함께 진단을 받거나, ADHD가 아닌 난독증으로 밝혀지는 경우도 있다"며 "ADHD만 진단받는 경우, 난독증만 진단받는 경우, ADHD와 난독증을 함께 진단받는 경우 각각 치료법이 다르고 난독증도 세부 분류가 다르기 때문에 초기에 정확한 진단을 받는 것이 중요하다"라고 밝혔다.●

ADHD는 'Attention-Deficit Hyperactivity Disorder'의 약자로 말 그대로 산만함, 과잉 행동, 충동성을 특징으로 하는 정신 질환이다. 보통 12세 이전에 발병하며 이들 중에는 도덕적인 자제력 부족이나 반항심, 이기심으로 오해받아 괴로워하는 사람이 많다고 한다. 한국의 경우 초등학생의 13%, 청소년의 7% 정도가 ADHD로 고통받고 있는 것으로 밝혀졌다. 대략 초등학생의 7~8명 중 1명이 ADHD이며, 중학생은 그보다 절반 정도로 빈도가 낮아진다. 또한 여학생보다는 남학생에게 더 자주 나타나는데(2.3:1 정도로 남학생이 2배 이상이다),●● 어쩌면 이것이 요즘 초·중등학교에서 볼 수 있는 남학생들의 상대적 집중력 저하로 인한 성적 부진의 한 가지 원인일 수도 있다.

● https://www.hallym.or.kr/hallymuniv_sub.asp?left_menu=left_pr&screen=ptp123&News_No=A002215

●● Ramtekkar, U. P., Reiersen, A. M., Todorov, A. A., & Todd, R. D. (2010, March), "Sex and Age Differences in Attention-Deficit/Hyperactivity Disorder Symptoms and Diagnoses: Implications for DSM-V and ICD-11". Journal of the American Academy of Child&Amp; Adolescent Psychiatry, 49(3), 217-228. e3. https://doi.org/10.1016/j.jaac.2009.11.011

보통 ADHD는 다음과 같은 증상을 동반한다.[●]

1. 집중을 하기 힘들며, 집중을 유지하기도 어렵다(집중의 어려움).

2. TV(영상)나 컴퓨터(게임) 등 흥분과 보상이 따르는 일에는 과도한 몰입을 보인다(과도한 집중).

3. 정리 정돈에 서툴고, 습관적으로 지각하며, 일에 대한 우선순위와 예상 소요 시간을 과소평가하는 경향이 있다(비조직화와 건망증).

4. 가만히 앉아 있는 것을 어려워하며, 자극적이고 흥분되는 일을 추구하면서도 쉽게 지루함을 느낀다(불안정함 또는 끊임없는 활동).

5. 무례하거나 부적절한 생각을 여과 없이 내뱉으며, 돌발적으로 행동하고 자제하지 못하므로 중독에 취약하다(충동성).

6. 자존감과 성취감이 낮으므로 비판에 과민하게 반응하며, 쉽게 좌절하고 감정 기복이 심하다(감정 조절의 어려움).

지금까지의 내용을 종합해볼 때 글 읽기가 제대로 안 되는 난독증 환자와 주의 집중력, 자제력이 부족해 충동적으로 행동하는 ADHD 환자는 다음과 같은 공통점을 보인다.[●●]

[●] 서울아산병원 질환백과 참고, https://www.amc.seoul.kr/asan/mobile/healthinfo/disease/diseaseDetail.do?contentId=33888

[●●] 국제난독증협회, https://dyslexiaida.org/attention-deficithyperactivity-disorder-adhd-and-dyslexia/

1. 주의 집중이 힘들다.

2. 독서가 안 된다.

3. 이해력이 떨어진다.

4. 쓰기가 힘들다.

5. 독서를 피하고 독서에서 즐거움을 얻을 수 없다.

6. 성격이 쾌활하고 공부에 대한 동기가 있더라도 수업을 따라가기 힘들다.

하지만 ADHD와 난독증은 양상과 증상이 전혀 다르다. 국제난독증협회International Dyslexia Association에 따르면 ADHD는 주의력 결핍, 산만함, 과잉성 및 돌방성 행동 등으로 구분되고 난독증은 정확하고 유창한 단어 인식 결핍, 철자의 어려움, 낭독을 하지 못함 등으로 구분된다. 이를 정리하면 다음 표와 같다.

난독증 vs. ADHD

구분	난독증	ADHD
전반적인 증상	• 부정확한 단어 인식 • 철자가 어려움 • 낭독이 안 됨	• 주의력 결핍 및 주의 산만 • 과잉성 및 돌발성 행동
독서	• 단어의 길이에 관계없이 잘못 읽음 → (글자의) 정확도에서 큰 문제가 있음	• 건너뛰면서 읽음 • 끝까지 읽지 않음 • (독서 시) 길을 잃음
작문	• 교정, 철자 고치기, 문법, 글의 구성 등에서 심각한 문제가 있음	• 종종 글의 구성과 교정에 어려움을 겪음

자료: 국제난독증협회, https://dyslexiaida.org/attention-deficithyperactivity-disorder-adhd-and-dyslexia/

하지만 이 둘은 신경정신의학적으로 분명히 연관이 있다. 국제난독증협회에서는 ADHD와 난독증의 관계에 대해 "난독증 환자의 30%는 ADHD를 수반하며, 이는 이 둘이 서로를 유발하지는 않지만 동시에 발생할 수 있음을 뜻한다"라고 설명했다. 즉 어림잡아 난독증의 3분의 1은 ADHD를 가지고 있으며, ADHD의 3분의 1은 난독증을 앓고 있다는 말이 된다.

또한 서로가 상대의 원인이 되는지는 아직 밝혀진 바가 없지만, 학술적으로 따로 논문이 없을 뿐이지 이 둘은 글을 읽는 데 어휘력이 매우 부족하다는 공통점이 있다. 이는 글을 잘못 읽어서 쌓인 결과이기도 하고, 추가적으로는 글을 못 읽는 원인이 되기도 한다. 글의 특정 부분(줄이 바뀌거나 시작되는 부분)을 상습적으로 건너뛰어 읽으므로 읽어도 내용이 파악되지 않는다. 또한 이들은 글 읽기를 싫어한다는 공통점이 있으므로 더 포괄적 카테고리인 난독에도 속한다고 볼 수 있다.

난독과 ADHD, 치료가 가능할까?

후천성 난독(독서 장애)과 결합된 ADHD는 난독을 개선하면 함께 개선될 여지가 있다. 뇌의 청각중추와 직접 교류하는 대뇌의 '문자 상자(3장 참조)' 기능이 선천적으로 결여되어 있거나 위축·퇴화한 난독증 환자를 제외하면, 후천적 요인으로 발병한 ADHD는 후천성 난독인 독서 장애의 입장에서 관찰하고 치료하면 유의미한 개선을 이룰 수 있다. 시선추적기를 이용한 전후 비교 분석과 큰 소리 낭독법, 워드플레이어를 이용한 시각 이동 개선을 통한 정독 및 어휘력 프로그램을 사용하는 방법이다.

실제로 앞에서 설명한 ADHD의 증상과 상당히 일치하는 학생을 10일간 하루 2시간씩 트레이닝으로 크게 개선시킨 사례를 5장에서 만나볼 수 있다. 이 학생은 앞서 설명한 ADHD 증상 중 5번(독서를 피하고 독서에서 즐거움을 얻을 수 없다)을 제외하고 나머지 증상은 모두 경험하고 있었다. 즉 집중을 하거나 유지하기 어려워하고, 과도하게 집중하거나, 비조직화와 건망증이라는 문제가 있었으며, 불안정하고 끊임없이 활동하거나 감정 조절에 어려움을 겪었다. 그런데 10일간의 독서력 개선 트레이닝 후 다음과 같은 결과를 보였다.

- 1시간 이상의 주의 집중력, 몰입력이 생겼다.
- 2학기 국어 교과서를 정독으로 10회 이상 읽었으며, 내용을 깊이 이해하는 심층적 읽기가 가능해졌다.
- 과정에서 내용을 완전히 이해했으며, 최종 어휘 테스트에서 95점을 받을 정도로 어휘력이 대폭 상승했다.
- 쓰기는 따로 연습하지 않았지만 독서 자체에 재미를 붙이는 계

기가 됐다.

• 2학기 국어 시간이 기다려진다면서 자신감을 보였다.

여기에 더해 성격 측면에서도 괄목할 만한 변화가 감지됐다. 이 학생이 다니던 학원의 선생님은 수업 태도가 많이 의젓해졌다고 말했으며, 학부모의 소감도 마찬가지였다.

이 사례는 후천적 난독이 ADHD로 발전하는 경우가 있는데, 이때 난독을 고치면 ADHD도 고쳐지거나 완화됨을 보여준다. 앞으로 더 많은 사례를 발굴하여 보고해야 할 중요한 과제라고 생각한다.

3장

우리 뇌의 메커니즘과 난독의 진단

내가 워드플레이어해
고 미리 대비하기 위해...
를 만들어낼 수 있는 사...
내심 염려스러웠다. 그러다...
겠다. 내 염려의 핵심은 '디지털...
다. 그런데 누가 그걸 일일이다 읽을...
보가 홍수처럼 쏟아져 나오겠지만, 정...
면면히 이어져 온 인류사의 발전이 이...
중 어릴 때 받았던 독서 훈련이 떠올랐...
데, 그 훈련 덕에 글을 꼼꼼히 읽는 습관이...
면 어떨까 하는 생각이 들었다. 디지털 문서...
로 눈은 가만히 있고 글자가 움직여 눈이 수동...
먹거나 줄을 건너뛰는 일은 방지할 수 있지...

난독의 시대를 예견하...
...를 사용해 누구나 문서
...만들어낼 문서의 홍수가
...지면 예견이고 대비일 수도 있
...를 모니터에서 읽고 처리해야 한
...업혁명의 도래와 함께 온갖 정
...렇게 활용할 수 있겠는가. 자칫하면
...수 있으리라는 생각마저 들었다. 그러던
...단어에 맞추어 빠르게 굴리는 방법이었는
...입했다. 이 방법을 현재 상황에 적용해보
...있으니 어렸을 적 훈련 방법과 반대
...하게 하는 개념은 어떨까? 그러면 단어를 빼

워드플레이어'다. 워드플레이어는 디지털 문서...정독精讀(정교하게 읽음), 나아가 정속독精速讀(정
교하고 빠르게 읽음)을 할 수 있도록 고안된 발명...이다. 하지만 당시는 지금만큼 문해력 붕괴 문제가
심각하게 대두하지 않아서 일반인은 물론 정부조차...필요성을 제대로 느끼지 못했다. 나는 그런 현
실을 아랑곳하지 않고 한컴과 접촉하여 아래아 한글에 이 기능을 심으려는 무모한 도전을 감행했고,
숱한 시행착오 속에 무려 6년이라는 시간을 보냈...고 마침내 실질적인 성과를 거뒀으며, 이 책
은 그간의 연구 결과를 정리한 일종의 보프로로그...류 발전의 걸림돌 난독, 해법은 분명히 있다.

우리 뇌는 어떻게
글을 읽을까?

왜 뇌과학적 지식이 필요한가

이제 다소 무거운 주제로 들어섰다. '난독의 시대'라고 하면 당연히 책 읽기에서 문제가 되는 현상들을 소개하고, 이를 진단하고 고쳐나가는 것을 주제로 하므로 뇌과학은 반드시 다뤄야 한다고 생각했다. 더욱이 학생은 물론 교육계를 포함하여 대부분 사람이 독서와 관련 있는 인지뇌과학적 지식을 갖추지 못한 상황이니 더욱 필요하다고 본다. 지금 대한민국에서 광범위하게 확산되고 있는 난독 현상에 대해 대책은커녕 정확한 원인조차 파악하지 못해 발만 동동 구르는 상황이 안타깝기 그지없다.

정상적이라면 전문가 집단에서 활발한 선행 연구가 이뤄지고 뒤이어 일선 교육 실무 집단에서 대책까지 마련해 이미 시행했어야 하지만, 이제 남은 시간이 별로 없고 더 지체하다가는 돌이킬 수 있는 수준을 넘어설 지경이 됐다. 그래서 이 책을 통해 행정부와 대중매체, 학교와 학원, 학부모와 학생 등 모든 집단과 개인에게 정보를 전달함으로써 시급히 국민적 공감대를 형성할 수 있도록 돕고자 한다. 단언컨대 이 장을 읽고 나면 독서에 대한 생각이 크게 달라질 것이며, 읽기에 대한 반전의 진실에 깜짝 놀라게 될 것이다.

문자 인식: 눈의 초점과 시선 이동

혹시 당신은 이런 궁금증을 품어본 적이 있지 않은가?

'글을 읽을 때 우리 머릿속에서는 어떤 일이 일어날까?'

'읽긴 읽었는데 내용이 기억나지 않는 이유는 무엇일까?'

당연히 눈eye이 독서 과정의 모든 일을 처리한다고 철석같이 믿고 있는 이들도 의외로 많다. 독서를 할 때 우리 눈에 들어온 글이 어떤 경로를 통해 처리되고 최종적으로 이해되는지를 살펴보려면, 우선 눈이 어떻게 글자를 받아들이는지부터 살펴봐야 한다.

책을 읽을 때 아는 단어나 익숙한 문장 구조가 나타나면 그냥 훑어보기만 해도 이해하고 지나간다고 생각하지만, 사실 우리 눈

안구 모식도

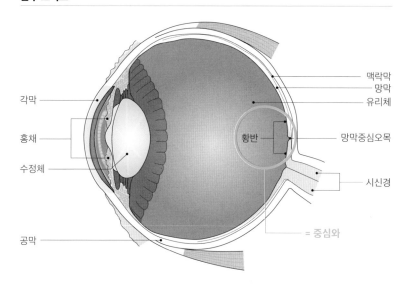

각막

홍채

수정체

공막

맥락막
망막
유리체

황반

망막중심오목

시신경

= 중심와

은 그렇지 않다. 눈앞에 보이는 장면의 해상도가 모든 부분에서 일정할 것 같다고 착각하는 사람들이 종종 있는데, 눈에 있는 센서는 중앙에서 멀어질수록 점점 흐려지고 끝에 이르러서는 정밀도가 상실된다.●

눈은 빛에 반사된 글자를 수정체를 통해 받아들인다. 이후 그 글자는 망막에 상을 맺는데 단순히 빔프로젝터가 이미지를 스크린에 영사하듯 글자가 망막에 비치는 것이 아니라, 망막에 있는 서로 다른 역할을 하는 시각세포들이 각각의 시각 요소들을 걸러

●   B Séré, C. Marendaz, J. Hérault (2000), "Nonhomogeneous resolution of images of natural scenes."

서 정보(이미지)를 받아들인다. 그중 시각세포가 밀집해 있고, 색깔을 구분하는 시각세포인 추상체cone가 가장 많은 황반(또는 중심와 fovea)에서는 사물의 색깔 구분, 사물의 구별, 시력 등 시각의 핵심적인 역할을 한다. 즉, 사물을 응시할 때 중심와에 맺히는 상이 제일 뚜렷하고 자세하다. 그 밖에 명암을 구분하는 간상체가 망막 전반에 퍼져 있는데, 황반에 맺힌 글자 이외에 주변은 사실 김이 서린 창문처럼 뿌예져서 글자를 정확하게 받아들일 수 없다. 즉, 망막에 초점이 맺히는 부분이 가장 선명하고 그 주변은 흐리다. 안 보인다는 게 아니라 흐리다는 얘기로, 선명한 부분에 주의가 집중되고 의식된다.

다음 그림은 망막 중심에서 주변으로 갈수록 해상도가 저하

시선의 실제 글자 인식 방법

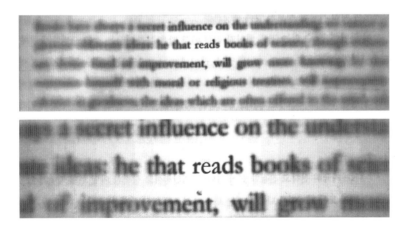

자료: 스타니슬라스 드앤 지음, 이광오 등 옮김, 《글 읽는 뇌》, 학지사, 2017.

되는 원리를 이용해 책의 일부를 필터링한 것이다. 글을 읽을 때 우리 눈이 끊임없이 움직이는 이유가 바로 이것이다. 시선추적 방법을 이용해 현재의 인지분석론을 정립한 캘리포니아대학교 샌디에이고 캠퍼스의 키스 라이너[Keith Rayner] 교수에 따르면, 시선을 움직여야 다음 단어가 중심와에 들어올 수 있기 때문이다.● 즉 글자가 중심와에 들어와 해상도가 높아져야 인식할 수 있다.

마치 식료품 공장에서 일정 속도로 제품을 찍어내는 기계처럼. 글을 읽을 때 우리의 시선은 일종의 짧은 직선 운동을 연달아 하는 셈이다. 여기서 생각해볼 점은 그 운동의 속도와 이동 거리,

시선추적 예시

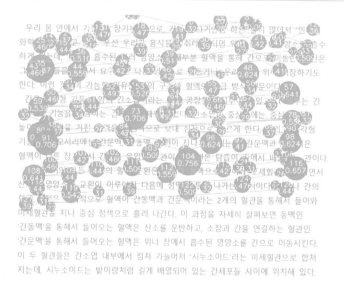

●　　　Rayner, K., 1998, "Eye movements in reading and information processing: 20 years of research,"

그리고 그 시야의 범위다. 즉, 그 단어에 얼마나 머물러 있었는지, 다음 단어로 넘어갈 때의 속도는 어떤지, 단어와 단어 사이가 연결이 됐는지 등이다. 이런 요소들을 분석해보면 독서 행태가 상당히 정확하게 드러난다.

이런 요소들을 살펴보기 전에, 글을 읽을 수 있는 사람이라면 기본적으로 가지고 있는 읽기 기능에는 어떤 것들이 있는지 살펴보자. 우리는 크기, 모양, 위치가 어떻든 그 단어를 파악할 수 있다. 심리학자들은 이를 일컬어 인지에 대한 '불변성 문제invariance problem'●라고 한다. 말은 어렵지만 상식적으로 생각해보면 당연한 말이다. 예를 들어 우리는 그 글자를 식별할 수 있는 시력만 있다면 '글자의 크기'와 상관없이 인식할 수 있다. 또한 글자의 모양과 관계없이 읽을 수 있으며, 그 글자가 페이지 상단에 있든 하단에 있든 상관없이 안구의 중심와(황반)에 들어오면 인식할 수 있다.

단어를 일일이 다 읽어야 인식이 가능할까?

여기에서 '과연 모든 단어를 읽어야만 할까?'에 대한 답을 유추할 수 있다. 앞서 언급했듯이, 우리가 글을 읽을 때 아는 단어나 익숙

● 글자의 크기, 모양, 위치에 상관없이 우리가 받아들이는 글자의 뜻은 변하지 않는다는 분석심리학 용어. 스타니슬라스 드앤 지음, 이광오 등 옮김, 《글 읽는 뇌》, 학지사, 2017, p. 35.

한 문장 구조가 나타난다고 해서 그냥 지나가지는 않는다. 모든 단어를 눈으로 인식해야만 문장과 글이 우리 머릿속에 들어올 수 있고, 이해의 토대를 마련할 수 있다.

하지만 그렇다고 해서 우리 눈이 페이지 위를 저절로 연속적으로 움직이지는 않는다. 모든 단어를 인식하되, 이미 익숙하거나 알고 있는 단어는 무의식적으로 처리하고 그 외의 단어들(모르거나 알고는 있지만 익숙하지 않은 단어)에 좀 더 시간을 할애하며, 때에 따라선 시선이 역행하기도 한다(이에 대해선 뒤에서 좀 더 자세히 다룰 것이다). 즉, 우리는 글을 읽을 때 의식적이든 무의식적이든 모든 단어를 지각하면서 인식한다. 다만 그 어휘들의 이해도와 그 단어들을 정확하고 빠르게 읽어내는 유창성에 따라 글에 대한 이해력이 달라지며, 이것이 곧 문해력으로 연결된다. 그런데 글을 읽을 때 단어들을 자주 건너뛰어 지각하거나, 모르는 단어가 너무 많아서 계속 읽어나갈 수가 없거나, 읽었어도 나중에 내용을 이해하지 못하거나 기억하지 못하는 경우가 자주 생기면 그것이 바로 난독인 것이다.

저 유명한 '케네디 대통령의 속독법'이라는 '사진찍기 독서법(페이지 단위로 사진을 찍듯 한눈에 다 읽는다고 알려진 속독법)'이나 그 변형으로 알려진 '대각선으로 훑으며 읽기' 같은 속독법들이 모두 이 단순한 사실을 모르기 때문에 벌어지는 웃지 못할 해프닝에 불과하다.

읽기는 뇌에서 벌어지는 일:
눈이 하는 일은 단지 형태 구분에 불과하다

문자는 소리(말)의 악보다

지금까지 우리의 눈이 글자의 형태를 지각하는 과정을 통해 단어 단위가 아닌 문장 단위로 한 번에 인식하며 읽는 것이 불가능한 이유를 알아봤다. 그렇다면 우리는 어떻게 글자를 의미 있는 정보로 받아들이는 것일까? 인간에게는 단어의 의미를 직접적으로 파악하는 어휘 경로lexical route와 그 글자에 대한 소리를 인식하는 음운 경로phonological route가 있다.

한창 글자를 배우는 유아나 초등학교 저학년 때는 글자의 뜻을 모르는 경우가 많기 때문에 글자에 대한 소리를 익히면서 음운 경로가 먼저 발달한다. 하지만 이미 글의 뜻과 소리를 모두 아는 문해자라면 글을 읽을 때마다 어휘 경로와 음운 경로가 동시에 활성화된다. 즉, 글을 읽으면서 그 뜻과 발음을 동시에 떠올린다. 이는 곧 글자와 소리가 아주 긴밀하게 연결되어 있음을 뜻한다.

한마디로, 문자는 소리(말)의 악보와 같다. 음악을 전공하는 학생이라면 누구나 악보를 읽는 훈련을 하기에 악보를 보면 해당 멜로디와 화음을 즉시 떠올릴 수 있다. 훌륭한 지휘자라면 앞에 단원들이 없어도 악보만 보고 진짜 오케스트라를 연주하는 것처럼 정확하게 지휘할 수 있다. 다만 일반인은 그런 훈련을 따로 하지 않았기에 불가능할 뿐이다.

　영어를 배운다는 것은 문법을 포함하여 영어의 소리를 내는 방법과 그 소리의 의미를 이해하는 훈련을 한다는 뜻이다. 단어에서 문장으로 범위를 넓힐 뿐 원리는 같다. 우리는 세종대왕 덕분에 소리가 문자에 거의 정확히 대응하는 음운 체계를 가지고 있는데, 이는 비할 데 없는 혜택이라고 할 수 있다. 우리말의 악보 체계는 세계에서도 우수한 것으로 손꼽힌다.

글자를 소리로 변환: 인식의 첫 단계

글자를 소리로 변환하는 것은 생소한 단어를 읽을 때 중요한 역할을 한다. 이는 어린이가 처음 접하는 단어를 볼 때도 우리가 생소한 단어를 볼 때도 똑같이 적용되며, 이미 우리의 무의식적 습관에 배어 있다.

　예를 들어 '명약관화'라는 단어를 읽어보면 직관적으로 알 수 있다. 처음에는 '이게 무슨 말이지?' 하고 유심히 들여다본 뒤, '명…약…관…화…'라며 마음속으로 발음하든 입으로 발음하든 그 단어를 발음해보는 것이 일반적인 인식의 과정이다. 이처럼 글을 처음 봤을 때는 의미에 직접적으로 접근할 수 없지만, 우리는 이 글자를 소리로 바꿔서 이해할 수 있는 패턴으로 받아들인다. 이런 간접 경로를 통해 새로운 단어를 이해할 수 있는 열쇠를 얻는 셈이다.

그렇다면 익숙한 단어들은 어떨까? 의식 수준에서는 그 단어를 발음하지 않지만, 단어의 의미로 직접 접근한 뒤 무의식 수준에서 발음한다. 그래서 그런 과정을 따로 인식하지 못하는 것이다.

정리하자면, 익숙한 단어는 그 단어의 의미로 바로 접근하고 발음을 인출하는 반면, 모르는 단어나 익숙하지 않은 단어를 읽을 때는 발음을 먼저 인출한 뒤 최종적으로 발음이 나타내는 의미에 접근한다.

다음 그림은 단어를 봤을 때 글자의 의미와 소리 인식 과정에

단어의 의미 접근과 발음 접근의 경로

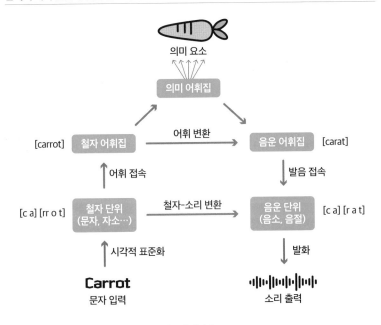

자료: 스타니슬라스 드앤 지음, 이광오 등 옮김, 《글 읽는 뇌》, 학지사, 2017.

대한 모식도다. 'carrot'을 예로 들자면 철자 단위로 분해해서 인식한 뒤, 이에 대한 발음을 출력하는 동시에, 이 단어의 의미를 의미 어휘집에 접속해서 의미(당근, 당근의 이미지 등)를 도출한다. 그 뒤에 다시 그 단어의 소리 모음집에 접속해서 소리를 도출한다.

소리는 아는데 뜻을 모른다면?

만일 소리는 아는데 뜻을 모른다면 어떻게 할까? 자기가 아는 단어 중에서 비슷한 소리를 찾는 방법을 쓴다. 국어 어휘 테스트를 할 때 오답을 도출하는 과정을 유추해보면 확실히 드러난다.

예를 들어 '게걸스럽게 먹다'라고 할 때의 '게걸스럽다'의 뜻을 묻는 항목에 '걸리적거리다'라는 답을 쓴 학생이 있었다. 알다시피 두 단어의 뜻은 완전히 다르다. 모르면 안 쓰면 될 텐데, 그 학생은 왜 굳이 '걸리적거리다'라고 답했을까? 학생 생각에는 '게걸스럽다'를 소리 내보고는 자기에게 익숙한 단어인 '걸리적거리다'가 떠오른 것이다. 왜냐고? '걸'이라는 흔하지 않은 발음이 같기 때문이다. 이 친구는 물론 정확히 모르고 때려맞힌 것이지만 '게걸'의 핵심 소리를 '걸'로 보고 '걸'로 시작하는 '걸리적'을 즉시 떠올려 같은 의미가 아닐까 해서 정답으로 쓴 것이다. 소리의 유사점을 가지고 의미의 유사점을 찾는 과정이 제대로 드러나지 않는가?

읽기와 말하기와 듣기는 한 몸처럼 연결되어 있다

●●●

그렇다면 읽기와 듣기, 말하기는 종합적으로 어떻게 연결되어 있을까? 우선 듣기 과정부터 살펴보자. 우리가 이해하는 음성 언어는 전부 전기적 신호로 받아들여진다. 즉, 소리 자체를 이해하는 것이 아니라 소리(공기의 진동)에서 변환되어 걸러진 전기적 신호를 판단하고 해석하는 것이 바로 우리가 듣는 과정의 실체다.

여기서 걸러졌다고 표현한 이유는 실제로 귀에서 일차적으로 소리를 걸러내기 때문이다. 일본의 의학박사이자 청각과 의식의 관계를 연구한 시노하라 요시토시에 따르면, 고막과 뼈를 연결하는 근육이 고막 긴장근인데 이 근육은 특정 진동수에 잘 반응하도록 초점을 조절하는 역할을 한다.● 여기서 말하는 특정 진동수란 반복 입력되어 익숙해진 정보(신호)를 가리키며, 많이 들어본 소리일수록 잘 듣고 생소한 소리는 걸러 듣는다. 의미를 가진 소리는 잡음 속에서도 신경을 써가며 인식할 수 있는 이유가 이것이다.

이렇게 귀에서 걸러져 뇌로 전달된 신호들은 1차 청각 영역을 거쳐 왼쪽 귀 바로 위편에 있는 베르니케 영역Wernicke's area에서 우리가 이해할 수 있는 언어로 받아들여진다. 이 베르니케 영역이 듣기를 관장하는 듣기 중추이며, 의미 있는 언어를 들을 때마다 가장 활발하게 활성화되는 곳이다.

● 시노하라 요시토시 지음, 고선윤 옮김, 《청각뇌》, 중앙생활사, 2006, p. 105.

흥미로운 점은 우리가 듣고 이해한 신호가 여기서 끝나지 않는다는 것이다. 이 신호는 신경 고속도로를 타고 발음을 만들어내는 말하기 중추인 브로카 영역Broca's area을 거쳐, 최종적으로는 인체의 의사 표현과 관련된 근육 신경을 제어하는 제1 운동 영역(전운동 영역)에 도달한다.●

우리가 말을 할 때도 이 과정이 반복된다. 우리 귀에는 타인의 목소리뿐만 아니라 자기 자신의 목소리도 들리기 때문이다. 정리하자면, 듣기만 해도 말하기 중추와 표현을 담당하는 운동 영역이 활성화된다. 쉽게 표현하자면, 소리를 듣는 순간 이미 말할 준비를 마쳐서 입이 근질거린다는 뜻이다.

결론부터 말하자면 단어와 문장을 읽기만 했는데도 단어의 뜻(문자상자), 단어의 생김새(후두엽), 단어의 소리(베르니케와 브로카)까지 거의 동시에 활성화된다. 왜 그럴까?

앞서 설명한 읽기 과정을 떠올리며 정리해보자. 우리가 글을 읽을 때 그 글자에 대한 소리에 접근하고 발음해내는 음운 경로와 글자에 대한 의미를 직접적으로 접근해 소리를 발출해내는 어휘 경로가 있다. 이 둘은 글을 어느 정도 읽을 수 있는 성인이라면 동시에 활성화되며, 결과적으로 단어의 발음에 관한 정보가 자동으로 인출된다. 발음을 만들어내는 중추가 브로카 영역이다. 또한 발음을 인출하려면 애초에 그 발음을 알고 있어야 하기에 당연히

● 고도흥 지음, 《언어기관의 해부와 생리》, 학지사, 2019.

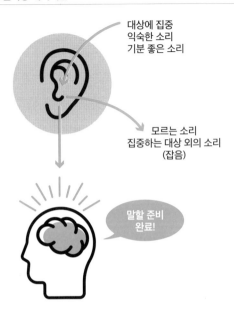

대상에 집중
익숙한 소리
기분 좋은 소리

모르는 소리
집중하는 대상 외의 소리
(잡음)

말할 준비
완료!

베르니케 영역도 빠질 수가 없다. 즉, 읽기만 해도 듣기 중추와 말하기 중추가 활성화되는 것이다.

대뇌의 '문자상자'를 아십니까?

또 하나의 아주 중요한 요소가 있다. 일반적으로 '대뇌의 문자상자'로 알려져 있는데 정식 명칭은 '시각 단어 형태 영역Visual Word Form Area, VWFA'이다(난독증이란 선천적으로 이 영역이 활성화되지 못하는 상태를 말한다). 말 그대로 모든 문자 형태의 정보가 이곳으로 보내져서 시각적으로 판독된 다음, 소릿값을 가진 베르니케로 보내진다. 이곳에 손상이나 위축 등의 병변이 일어나면 난독증의 결정적 원인이 되는 것으로 알려져 있다.

우리가 글을 보고 이해하는 과정, 즉 글 읽기는 꽤 복잡한 과정을 거치지만 결국 두 가지 경로를 통해 우리에게 정보로 받아들여진다. 바로 글자의 뜻을 처리하는 경로(의미 경로)와 글자의 소리를 처리하는 경로(음운 경로 또는 발음 경로)다. 이 두 가지 경로를 거쳐 우리에게 글이라는 정보가 이해되고 저장되는 것이다.

우리의 눈을 통해 들어온 문자 정보는 머리 앞쪽에서 뒤쪽으로 가로지르는 시신경 고속도로를 따라 머리 뒤쪽인 후두엽에 도달한다. 후두엽에 도달한 문자 정보는 곧이어 좌뇌 아래쪽에 있는 '문자상자'로 보내져 1차 판독 과정을 거친다.

그 뒤에 이 문자 정보는 소리 정보와 의미 정보로 나뉜다. 소리 정보는 측두엽의 가운데 부분인 중측두엽을 거쳐 측두엽의 위쪽인 베르니케 영역(듣기 중추)으로 보내지고, 의미 정보는 측두엽의 앞쪽에 있는 전측두엽으로 보내진다. 소리 정보와 의미 정보로 나뉘어 처리되는 과정에서 해마를 통해 우리가 기억하고 있는 정보들과 대조하는 작업이 이뤄진다.

베르니케 영역으로 보내진 소리 정보는 앞서 기술한 대로 머리 앞쪽에 있는 브로카 영역(발음 중추)을 거쳐 실질적으로 발음을

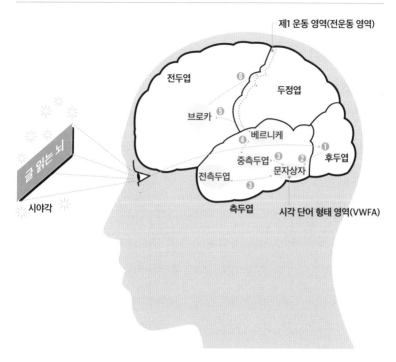

자료: 스타니슬라스 드앤 지음, 이광오 등 옮김, 《글 읽는 뇌》, 학지사, 2017.

내는 근육과 연결된 제1 운동 영역으로 보내진다. 이때 우리는 읽기만 해도 발음하려고 입이 근질거리는 상태가 된다. 소리를 이해하는 영역인 베르니케 영역은 측두엽의 위쪽인 상측두엽에 있고, 발음을 하는 영역인 브로카 영역은 전두엽의 뒤쪽인 전전두엽에 있다. 그리고 그 발음을 실제로 입으로 표현하기 위한 영역인 제1 운동 영역은 전두엽과 측두엽에 공통으로 맞닿아 있는 두정엽에 분포되어 있다.

이상의 내용을 바탕으로 글 읽는 뇌의 활동을 다시 종합해보자.

눈을 통해서 들어온 글자 정보들은 시신경을 통해 일차적으로 후두엽에 도달한다. 이곳에서는 눈으로 들어온 시각 정보가 글자인지 아닌지 생김새를 판단한다. 이 중 글자는 '시각 단어 형태 영역'으로 보내지는데, 이곳이 바로 대뇌의 '문자상자'라고 불리는 곳이다. 여기서는 모든 문자 정보를 처리하여 발음과 의미로 분리한 다음 의미 정보는 측두엽 앞쪽의 전측두 영역으로, 발음은 베르니케 영역으로 각각 전달한다. 그리고 음성 정보를 받은 베르니케는 브로카 영역으로 전달한다. 결국 읽기와 듣기에 대한 모든 정보가 브로카 영역에서 최종적으로는 발성기관을 컨트롤하는 제1 운동 영역으로 전달돼 문자의 발음에 해당하는 소리를 내게 된다.

눈으로만 읽는 묵독默讀의 경우는 어떨까? 바깥으로 실제 소리가 나는 건 아니지만 뇌에서는 내부적 시뮬레이션상으로 발음을 하는 경로를 모두 밟는다. 그럼으로써 문자의 형태와 의미와 소리가 최종적으로 소리로 발성되어 처리된다.

중요한 점은, 문자를 처리하는 문자상자와 듣기를 관장하는 베르니케 영역 간의 소통 방식이 단방향이 아니라 양방향이라는 것이다. 마찬가지로 문자상자와 의미를 처리하는 전측두 영역 간의 소통 방식도 양방향이다. 즉, 문자상자가 단어를 처리할 때 자신이 이미 알고 있는 정보와 대조하기 위해서 베르니케 영역과 전측두 영역으로부터 각각 소리 정보와 의미 정보를 미리 받아 온다는 얘기다. 이는 문자상자가 소리 정보와 의미 정보를 모두 처리하는 중요한 역할을 수행함을 의미한다. 신경과학자들은 이를 근거로 문자상자가 선천적으로 결여되거나 병변 등이 일어나면 난독증이 되는 것으로 추측한다.

망가진 문자상자, 고칠 수 있을까?

선천적으로 망가진 문자상자를 복원하는 방법은 현재로선 존재하지 않는다. 그러나 모국어 단어를 인식하도록 문자상자를 후천적으로 훈련하는 외부 기관은 눈·귀·입이므로, 선천성 난독증이 아닌 후천성 독서 장애의 경우에는 문자상자가 망가진 것이 아니라 활성화가 되어 있지 않다고 볼 수 있다. 따라서 눈·귀·입을 이용해 문자상자를 복원할 가능성이 있다고 판단할 수 있다.

후천성 독서 장애(난독)는 문자 정보 대신 너무나 다양하고 엄청난 양의 노이즈, 즉 동영상, 게임, 카톡 등 단문 메시지들이 홍수처럼 쏟아져 들어와 문자상자를 보강하거나 발달시킬 겨를도 없이 학령기에 이른 아이들에게 발생한다. 배울 준비가 되지 못한 채 입학했는데, 감당해야 하는 학습량이 문자상자가 처리할 수 있는 정도를 넘어서기 때문에 학습 장애가 발생하는 것이다. 성인의

경우도 크게 다르지 않다. 더 이상 책을 읽지 않아 문자상자를 자극할 문자 정보가 유입되지 않음으로써 기능이 퇴화하고, 새삼스럽게 책을 읽어보려 해도 비슷한 좌절을 겪은 끝에 포기하게 되는 것이다.

난독을 해결하고 문해력을 키우는 한 가지 해법으로 큰 소리 낭독법이 있다. 뇌의 문자 처리 방식을 이용해 뇌가 그 역할을 더 충실히 해내도록 자극하는 방법인데, 자세한 내용은 4장에서 소개한다.

우리 뇌는
어떻게 배울까?

뇌의 치밀한 학습 실행 계획, 도파민 분비 시스템

인간의 학습 과정, 즉 어떤 사실을 읽거나 들어 자신의 지식으로 내재화하는 과정은 크게 네 가지로 분류할 수 있다. 각각은 서로 긴밀히 연결되어 있으며, 크게는 한 덩어리로 움직이기도 한다. 비유하자면 자율적으로 움직이는 정교한 지식 제조 공장이라고도 할 수 있다.

그런데 흥미로운 점은 지식 제조 공장의 주요 동력원이 바로 우리의 가장 기본적인 욕구인 식욕, 성욕 등과 직접적인 연관이 있는 '도파민'이라는 신경전달물질이라는 사실이다. 즉 인간에게 '배움'이라는 것은 성욕이나 식욕과 동일한 본능이며, 문해력은 이 본능의 자연스러운 결과물이라는 매우 흥미로운 사실로 설명을 시작하려 한다.

인간은 두뇌의 도파민 함정에서 빠져나오지 못하게 디자인되어 있다. 도파민은 중뇌의 복측피개영역에서 분비되며, 일반적으로 '뇌 분비 마약'이라고 알려져 있는 호르몬이자 신경전달물질이다. 인간이 무엇엔가 즐겁게 탐닉할 때 분비되는 신경전달물질이며, 흔히 쾌락 호르몬이라고 한다. 사람의 감정에 직접적인 영향

도파민이 분비되는 경로

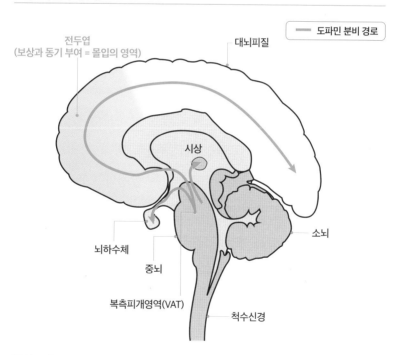

자료: https://commons.wikimedia.org/wiki/File:Dopaminergic_pathways.svg

을 미치며, 매우 예민하다. 과다하면 조울증이나 조현병schizophrenia 을 일으키지만, 줄어들면 우울증을 일으킨다(또한 운동 능력에도 영향 을 미쳐서 부족할 경우 파킨슨병을 일으키기도 하지만 여기서는 다루지 않는다).

쾌락에 빠진 사람을 관찰해보면, 대상이 무엇이든 '몰입' 상태에 있다는 사실을 발견하게 된다. 도파민은 사람을 무언가에 몰입하게 한다. 사람이 몰입할 때 대뇌의 전전두엽 부분이 활성화되는데, 도파민이 바로 전전두엽을 활성화하는 주인공이다.

청소년기에 게임이나 기타 선정적인 것을 경험하면 도파민이 분비되는데, 과도하게 몰입할수록 도파민도 과도하게 분비되고 더욱 심하게 몰두하게 된다. 결국 허탈감이나 안절부절 등 금단 현상을 겪는데, 이를 중독이라고 한다. 마약에 중독되는 것과 같은 메커니즘이라고 보면 된다.

그런데 놀라운 것은 이 정도의 강력한 쾌락 보상 시스템(도파민 분비 시스템)이 공부하고 탐구하는 지식 추구 욕망(욕구보단 욕망이 훨씬 원초적이라는 느낌을 준다)과 이를 충족시키는 실행의 모든 요소에 포진해 있다가 적절한 순간에 적절히 활성화되도록 절묘하게 디자인되어 있다는 것이다. 성적 쾌락에서 분비되는 것과는 경로상 차이가 있지만, 그 기원은 중뇌에 있는 복측피개영역과 측좌핵으로 동일하다. 즉, 사람을 몰입하게 하는 원동력인 선정적이고 자극적인 '중독'과 공부하고 탐구하게 하는 지적 '호기심'이 같은 곳에서 기원한다는 얘기다.

배우고자 하는 욕망은 인간만의 본능이다

－●●●－

매우 흥미로운 사실은 도파민이 인간의 4대 욕망이라는 식욕·성욕·금전욕·명예욕을 추구할 때나 이를 단계별로 이루는 과정에서 분비되는 일종의 쾌락 보상 신경전달물질이라는 것이다. 배움의 단계마다 보상 조로 도파민을 분비하는 시스템이 뇌에 존재하는 건 아닐까? 유추하건대 좌절했거나 용기가 필요할 때도 이를 관찰할 수 있도록 뇌가 일종의 위로 시스템으로 도파민 분비 시스템을 특별히 가동하는 것이 아닐까?

이 자리를 빌려 인간이 본능적으로 갖게 되는 기존의 4대 욕망에 덧붙여, 새롭게 발견한 이 욕망을 '지식욕'이라고 명명하면 어떨까 제안해본다. '공부가 제일 쉬웠어요'라는 게 그저 해보는 말이 아니라 실제로 그렇다면? 식욕이나 성욕처럼 본능적인 욕구를 충족시키고자 공부의 욕망을 추구하는 데 재미를 붙였다고 한다면?

이 부분에서 누군가는 의구심을 갖게 될지도 모르겠다.

'공부가 재미있다는 게 마치 게임에 탐닉하듯 욕망을 이루고 쾌락으로 보상받는 본능적 욕망의 분출 과정이라고?'

나는 다시 한번 자신 있게 '그렇다'라고 답하겠다. 인간의 4대 본능이 식욕·성욕·명예욕·금전욕이라고 할 때, 동물에게도 비슷한 욕망이 있다. 식욕과 성욕은 생존과 유전자 확산을 위해 천부적으로 부여받은 것이다. 다만 성욕은 인간처럼 아무 때나 발현하는 것이 아니라 발정기에만 나타난다는 데 차이가 있기는 하다. 그런 욕망이 발현될 때 짐승들은 욕망을 해소하려고 안절부절못한다. 생존과 직결되니 무엇보다 먼저 해결해야 하는 욕망인 것이다. 그 나머지 중에서 금전욕은 식욕의 연장선이고 명예욕은 내면을 살피면 생식욕의 연장선이므로, 이 부분에서는 사람과 짐승 간에 어느 정도 유사성이 있다고 하겠다. 일테면 우두머리 자리를 두고 다투는 것 말이다. 우두머리가 되어야 생식의 기회가 높아지지 않는가.

그러나 짐승과 인간 간에는 분명한 차이가 있다. 지식을 추구하려는 욕구와 이에 따른 쾌락적 보상 시스템이 존재한다는 사실이다. 식욕이나 성욕과 마찬가지로 배움 또한 인간의 본능이라는 점을 이해하려면, 인간의 배움이 일어나는 과정을 짚고 넘어가야 한다. 우리 시대의 뛰어난 인지뇌과학자인 스타니슬라스 드앤 교수는 《우리의 뇌는 어떻게 배우는가》에서 인간이 배우는 과정을 네 가지 기둥으로 분류했다. 나는 이 분류를 지지하면서도 정제된 조형물 같은 느낌을 주는 기둥 대신 서로 연결되어 유기적으로 움직이는 개념인 단계(스테이지)로 바꾸어 이야기하고자 한다. 단절되지 않고 전 과정이 자연스럽게 연결되어 흐르는 일종의 실행 회로 같은 성격으로 이해하면 좋을 것이다. 단계마다 도파민 분비의 지뢰가 숨어 있어서 반드시 밟고 반드시 분비되고 반드시 보상을 받고 반드시 몰입되어 배움 추구 과정이 일사천리로 진행될 수 있도록 디자인되어 있다. 이렇게 보면 반드시 성공할 수밖에 없는 것이 공부의 본질이라고 할 수 있다.

배움의 네 단계: 주의, 호기심, 놀라움, 통합

주의: 정보의 선택과 집중

주의注意는 '주의를 집중한다', '주의를 끌다'라는 식으로 쓰인다. 주의의 키워드는 선택과 집중이다.

우리 뇌는 외부의 자극을 끊임없이 받아들인다. 처음에는 이 모든 메시지를 특정 신경세포들이 동시에 처리하지만, 입력되는 정보가 너무 많아 소화불량 상태가 되면 오히려 자극에 둔해진다. 뇌의 자원이 충분치 않기 때문이다. 이 문제를 해결하려면 선택과 집중을 해야 하는데, 이를 위해 발전한 본능이 '주의 메커니즘'이다. 이 메커니즘은 마치 거대한 필터처럼 조직화되어 선택하고 분류하는 작업을 하면서 최종적으로 가장 중요하다고 판단한 정보에만 인지 자원을 할당한다. 한마디로, 뇌가 정보를 선택하고 중요하다고 생각하는 정보를 더욱 확대하여 처리하는 메커니즘이다.

주의 메커니즘은 열정·경각심·동기 유발의 원천이 되는 배움의 첫 번째 단계로, 자신의 분야에 적극적으로 뛰어들게 해준다. 새로운 자극을 받아들일 때, 선택하고 집중하는 정보의 종류는 개인의 성향에 따라 달라진다. 인문을 좋아하는 사람과 스포츠를 좋아하는 사람에게 관심이 확 쏠리는 분야의 자극은 다를 수밖에 없지 않겠는가. '개 눈에는 똥만 보인다'라는 속담이 주의의 특징을 단적으로 보여준다. 모든 것에 관심을 두기보다는 자신이 선호하거나 지금 딱 필요한 지식에 선택적으로 반응하는 것이 곧 주의다.

주의 메커니즘은 2014년 요슈아 벤지오 Yoshua Bengio 와 조경현이 인공신경망에 접목해 언어의 번역과 사진의 분류 및 인식 등을 포함하여 특정 사물을 인식할 수 있는 인공지능을 개발하는 데 크게 기여한 개념이다.[•] 기존의 인공신경망에는 주의(선택과 집중) 메커니즘이 없어서 모든 데이터를 처리하느라 속도가 느렸는데, 이를 획기적으로 개선했다.

우리 뇌가 주의를 두지 않는 물체는 그냥 흘러가 버리고, 따라서 배움은 일어나지 않는다.[••] 그리고 딱히 선호하는 대상이 아니라도 의도적으로 주는 주의 역시 인지에 중요하다. 예를 들어 처음 보는 외국어 단어에 의식적으로 주의를 두면, 그 단어는 우리

[•] Dzmitry Bahdanau, Kyunghyun Cho, Yoshua Bengio (2014), "Neural Machine Translation by Jointly Learning to Align and Translate."

[••] Aaron Seitz, Christine Lefebvre, Takeo Watanabe, Pierre Jolicoeur (2005), "Requirement for high-level processing in subliminal learning."

뇌피질 회로 깊숙이 파고들어 전전두엽피질 안까지 들어간다.

주의는 다음의 3단계 메커니즘을 거쳐 이뤄진다.

- 경계警戒: 언제 주의를 집중할지 알려주는 시스템이라고 할 수 있으며, 갑자기 나타난 적을 탐지했을 때는 물론이고 무언가를 기대할 때도 발동한다. 예를 들어 좋아하는 과목의 수업이 시작되면 지금부터 보고 들을 내용을 기대하게 되는데, 이때도 경계 시스템이 작동한다. 예습이 필요한 이유가 이것이다.

  듣고 싶었던 내용이 들려오고 그것을 이해할 수 있고 흥미로워진다면? 정신이 번쩍 들게 하는 세로토닌과 함께 쾌락 회로를 돌리는 도파민이 분비되면서 강력한 동기 부여가 일어난다. 그러면 공부와 탐구 활동 등을 하고 싶다는 욕망에 휩싸이게 된다. 한마디로, 경계는 강력한 동기 부여 메커니즘이다.

- 정향定向: 무엇에 주의를 집중하고 어떤 것은 그냥 흘려보내야 할까, 즉 선택적 주의력을 말한다. 자기도 모르게 집중한 것을 제외하면 나머지는 눈으로 보고도 인지하지 못한다. 이런 사실을 본인이 알아챌까? 아니다. 본인도 자기가 무엇을 놓쳤는지를 모른다. 따라서 모든 것에 집중해야 할 때는 정향 때문에 주의가 새는 부분을 막아야 한다. 한 가지 예가 정독이다. 그래서 정독을 할 때는 모든 글자에 주의를 집중하여 왼쪽에서 오른쪽으로, 각 글자를 손가락으로 짚어가면서 읽으라고 강조하기도

한다. 밑줄을 쳐가며 읽는 행위도 정향 때문에 새는 것을 방지해준다.

주의는 새로운 단어들을 해독하는 능력에 아주 큰 영향을 주므로 난독을 방지하는 데 특히 신경 써야 할 기능이다. 특히 글자와 음 간의 관련성을 찾아내는 데 유용하다. 읽기를 배울 때 발음 중심의 훈련, 즉 큰 소리 낭독 훈련이 중요하다는 사실을 과학적으로 뒷받침하는 대목이다.

- 집행 제어: 주의를 기울여 획득한 정보를 어떻게 처리할지 판단하는 것으로, 주의의 구성 요소들이 헷갈리지 않고 순조롭게 진행되도록 제어하는 장치다. 집행 제어는 경계가 제대로 되고 있는지 정향이 어떤 상태인지를 감시해나가면서 앞으로의 진행 방향을 끊임없이 조정해나가는 시스템이다. 예를 들어 강의 시간에 들은 내용을 단기간 기억하고 있으면(이런 이유로 단기기억을 작업기억이라고도 한다), 집행 제어 기능이 '글로벌 신경세포 작업공간'●을 제어하여 이 단기기억을 유지하고 다른 부분으로 전달한다. 즉, 장기기억으로 넘기거나 필요 없으면 없애버린다.

● 뇌의 단기기억 발송 담당자로서 이곳에서는 정보를 한 번에 하나씩 처리한다. 멀티태스킹이 안 돼 지연이 발생하기 때문에 심리학에서는 이를 '중앙 병목(central bottleneck) 현상'이라고 한다. 그러므로 집중할 때는 방해를 받거나 다른 자극이 더해져 헷갈림이 일어나서는 안 되는 것이다.

호기심: 적극적 참여, 더 깊이 알고 싶다는 못 말리는 욕망

호기심은 더 깊이 주의를 기울여 구체적으로 알고 싶어 하는 불타는 욕망이며, 모르는 것을 배우고 싶어 하는 인간 본능의 하나인 지식욕의 본체라고 할 수 있다. 지식욕이 인간만이 소유한 제5의 본능이자 최종적으로 고등한 의식으로 이끄는 장치라면, 호기심은 생식욕 등 여타 동물적 본능과 달리 인간의 일생에 걸쳐 상시로 장려되어야 하는 유일한 뇌 기능이다.

인류사를 돌이켜 볼 때도 호기심은 동서양의 모든 철학에서 장려됐다. '어린아이의 순수한 마음을 가지라'라고 할 때의 그 순수함은 식물적 순종이 아니라 맹렬한 호기심을 말한다. 만일 어떤 종교나 철학이 호기심을 억누르는 쪽으로 말하거나 운을 뗀다면 그 진실성을 의심해도 무방하다.

호기심이 없는 동물은 어떤 것도 새로 배우지 못한다. 인간도 마찬가지다. 나이 들어 호기심이 없어진다는 것은 이미 뇌가 쓸모없어져 간다는 위험을 알리는 경고 신호다. 기억력이 저하되는 것은 문제가 아니지만, 호기심이 약해진다는 건 새로운 것을 인식할 (원천적) 에너지가 고갈됨을 의미하기 때문에 매우 불행한 일이다.

적극적으로 상상하고 예측한 사실을 가설이라고 하는데, 그 가설을 직접 경험하고 탐구하여 검증하고자 할 때 호기심이 강력한 견인력이 된다. 이를 위해서는 전 단계인 주의에서 만들어진 동기 부여가 필수다. 동기가 일어날 때 도파민이 분비되고, 호기

3장 우리 뇌의 메커니즘과 난독의 진단

121

심이 또 도파민 분비를 촉진해 쾌락적 보상을 하는 식이다. 그래서 한번 궁금증이 생기면 좀처럼 멈출 수가 없게 된다.

　이는 사실 도파민이 시키는 대로 목표지향적으로 끌려다니는 것일 뿐이다. 목표를 달성하기 위해 전력투구하게 되며 이를 몰입이라 하고, 이때 또 도파민이 분비되어 노고를 보상한다. 자기주도형 학습의 중요성을 뒷받침하는 대목인데 1978년과 1979년에 걸쳐 미국 밴더빌트대학교의 파멜라 M. 어블^{Pamela M. Auble}과 제프리 J. 프랭크스^{Jeffery J. Franks}가 발표한 논문에 따르면, 교사의 도움 없이 스스로 문장을 이해하고자 하는 학생이 정보를 훨씬 더 오래 기억한다.• 참으로 재미있는 것은 이 호기심이 청소년기 남학생 심리의 상당 부분을 대변하는 성적 호기심과 완전히 같은 정신 상태라는 것이다. 그뿐 아니라 맛있는 음식에 대한 호기심으로 맛집을 찾아다니는 열정과 완전히 같은 정신 상태라고 봐도 무방하다. 이상의 세 가지 호기심이 발동할 때 도파민 회로가 활성화된다는 사실을 근거로 하는 말이다. 물질적 보상이나 새로운 정보에 대한 기대감 또는 아무 일도 일어나지 않는 지루한 장소보다 새로운 물체들이 포함된 장소를 찾거나 갈망할 때, 도파민 회로가 빠르게 활성화되기 때문이다. 그러니 성적 호기심이나 맛있는 것에 대한 호기심의 강도가 지식에 대한 호기심과 모종의 관련이

•　Auble, P. M., & Franks, J. J. (1979, March 14), "Effort toward comprehension: Elaboration or "aha!"?", Memory & Cognition, 7(6), 426-434.

있지 않을까?

이와 관련된 논문을 아직 찾지는 못했으나, 청소년기의 왕성한 호기심이 뇌의 도파민 회로가 이미 활성화되어 있는 학생을 지적 쾌락으로 유도함으로써 물꼬를 터주게 하는 방법을 적극 검토할 필요가 있어 보인다. 왜냐하면 호기심은 일단 발생하기만 하면 그 결과를 알거나 모르거나 간에 호기심 덕에 생겨난 기대감만으로도 도파민 회로가 자극받기 때문이다. '떡 줄 사람은 생각도 않는데 김칫국부터 마신다'라는 속담이 있다. 헛물켜는 사람을 비웃는 말이지만, 이제 우리는 뇌과학의 도움을 받아 김칫국을 마시는 행위조차 도파민 회로를 활성화해 지식욕을 충족시키려는 강력한 에너지가 된다는 사실을 알고 활용해야 한다.

호기심의 반대는 무엇일까? 그렇다, 지루함이다. 이미 알고 있는 사실을 다시 배울 때나 더는 배울 것이 없다고 판단될 때, 지루함 때문에 주의가 급속도로 흐트러지면서 배우려는 동력을 상실한다. 한편, 너무 낯설어서 생뚱맞다는 느낌이 들거나 자신의 기대를 넘어 과도하게 앞서나간 지식 또는 지나치게 놀라게 하는 것들에도 호기심은 잘 생기지 않는다. 호기심은 내가 배우고 싶은 것, 나에게 유리한 것에 대해서만 발동하게 되어 있다.

그러므로 호기심이 제대로 뻗어나가게 하려면 폭넓은 배경지식을 갖춰야 한다. 좁은 지식을 바탕으로 그 안에서 좋은 것과 싫은 것을 찾아내기보다는 넓은 레이더를 가동해 호기심을 전방위적으로 유지하고, 그중에서 호기심이 강하게 발동하는 것을 찾아 집중하고 성취해나가야 한다.

호기심을 계속 유지하는 데 결정적으로 중요한 것은 자기가 공부한 분야에서 아직 모르는 게 있다는 자각, 즉 메타인지 능력이다. 앞서 언급했듯이, 메타인지는 우리의 정신 과정을 모니터하는 더 높은 차원의 인지 시스템이다. 쉽게 말해 '자신이 뭘 모르는지를 알아내는 능력'이라고 할 수 있다.

호기심이야말로 뇌 학습 활동의 핵심 동력이기 때문에 일생을 통해 유지하도록 노력해야 한다. 특히 교사라면, 학생들에게 질문을 못 하게 하거나 질문하면 혼내는 일은 절대 하지 말아야 한다. 호기심이 사라지면 수업에 대한 관심도 사라지기 때문이다. 지금까지 이야기한 것처럼 호기심은 성욕이나 식욕과 똑같은 인간의 원초적 본능에 해당한다. 대부분 사람이 날 때부터 가지고 있다는 뜻이다. 그러므로 교육 현장에서 호기심을 키워주는 데 주안점을 두기보다는 호기심을 강압적으로 억누르지 않도록 조심스럽게 접근하는 편이 더 바람직하다고 생각한다.

놀라움: 에러 피드백

인간의 배움이 호기심에 마냥 끌려다니는 것만은 아닌 것 같다. 어떨 것이라고 예측하는 것도 호기심에 포함되는데, 나중에 진실과 마주쳤을 때 예측과 같을 수도 있지만 예측을 크게 벗어나 놀라게 될 수도 있다. 이럴 때 우리는 팩트에 기반해 다음 예측을 수정한다. 사격 훈련을 할 때를 생각해보면 이해하기 쉬울 것이다. 한 발을 쏜 다음 표적과 얼마나 빗나갔는지를 계산하고, 그 에러 피드백을 통해 영점을 재조정하는 과정을 반복하지 않는가.

이 놀람에 대해 로버트 A. 레스콜라Robert A. Rescorla와 앨런 R. 와그너Allan R. Wagner가 흥미로운 뇌과학적 연구 결과를 발표했다. 레스콜라-와그너 이론에 따르면 우리 뇌는 기존 감각들의 중요한 정보들을 총합하여 만들어진 예측과 실제 들어오는 자극 간의 차이를 계산한 다음, 기댓값과 결괏값의 차이를 '예측 에러prediction error'로 표시하여 놀람의 정도를 전달한다. 바로 이 놀람 신호가 어떤 사물과 사건에 대한 '선험적 가설', 즉 '기억'의 오류를 바로잡게 해주는 것이다. 이 과정이 반복되면서 다음 예측은 현실에 더 가까워진다.

인간은 주의를 통해 새로운 정보들을 선별하고 집중하여 기억하는 시스템을 갖추고 있는데, 이 과정마다 도파민이 분비된다. 여기에 호기심이라는 막강한 추동력 시스템이 가동되면 도파민이 더욱 힘차게 분비되고, 우리는 쏟아져 들어오는 지식에 몰입하게 된다. 그리고 놀람 신호라는 기댓값과 결괏값 간의 괴리를 교정하는 시스템이 이 정보들에 대한 기억을 바로잡아준다. 우리의 뇌가 새로운 지식에 대해 얼마나 정교한 시스템을 운영하고 있으며 인간이 배움을 멈추지 않도록 얼마나 노심초사하는지, 알면 알

수록 탄성이 그치지 않는다.

더욱 놀라운 사실은 중뇌의 복측피개영역에 있는 세포핵(쾌락 중추)들 안에 있는 도파민 신경세포들은 단순히 섹스나 음식 등의 쾌락에만 반응하는 것이 아니라 예측한 보상과 실제 받은 보상 간의 차이, 즉 예측 에러에도 반응하여 분비가 활성화된다는 것이다. 새로운 지식에 대한 에러를 처벌하지 않고 오히려 보상한다는 얘기인데, 이것이 인간이 동물과 확연히 구별되는 점이다. 다시 말해 잘못을 솔직히 인정하는 것이 뇌의 자연스러운 도파민 보상을 활성화하는 것이니, 이제부터는 잘못을 알게 됐거든 얼른 인정하자. 은근슬쩍 넘어가지 말고 진심으로 깜짝 놀라자. 이것이 과학적으로 놀람 신호를 활성화하는 행동이며, 뇌의 보상(도파민 회로의 활성화)을 흠뻑 받게 될 것이다.

예측과 결과에 대한 차이를 놀람 신호를 통해 교정한다는 사실이 무척 흥미롭지 않은가? 이 놀람 신호를 무시하는 사람은 자기가 하고 있는 일이 세상의 전부라고 여기면서 새로운 것을 받아들이기 싫어하고, 결국 호기심도 없고 배움도 없는 불행한 길을 걷게 된다. 당연하게도, 계속 무시당한 놀람 신호는 점점 퇴화한다.

배움을 지속하면서 자기가 무엇을 모르는지에 대해 호기심을 유지하는 것은 놀람 신호들이 더욱 민감해지게 하는 데 실질적 동력이 된다. 따라서 새로 알게 된 사실이 기존에 알던 것과 어떻게 다른가를 깨닫는 것을 두려워하지 말고 유연한 사고방식을 유지해야 한다.

통합: 단기기억에서 장기기억으로

주의와 호기심, 놀람을 통해 얻어진 지식을 뇌는 어떻게 정리하고 통합할까? 앞서 언급한 세 가지 단계는 곳곳에서 뇌의 도파민 보상 회로가 작동하는, 엄청난 이벤트 과정이었다. 읽기와 관련된 뇌 회로(후두엽과 측두엽)뿐만 아니라 두정엽과 전두엽도 총동원되어 전력으로 일한다.

이후 과제는 크게 두 가지로 나뉜다. 하나는 이처럼 엄청난 과정을 거쳐 얻어진 지식을 어떻게 정리하고 갈무리할 것인가이고, 다른 하나는 이후 새로운 지식을 습득할 때도 여전히 뇌의 보상 회로를 총동원해 총력을 기울이는 과정을 지속할 것인가 하는 문제다.

물론 뇌는 스마트한 전략을 가지고 있다. 첫 번째 과제는 숙면으로 해결한다. 숙면하는 동안 지식의 통합 및 일반화가 이루어지고, 뇌 활동이 깨어 있는 것이나 다름없는 REM 수면 동안에는 인식 및 운동 학습(절차기억procedural memory)이 이뤄진다. 잠자는 동안 우리 뇌에서는 전날 사용한 신경 회로들이 재활성화된다. 잠이 들고 나면 활성화되는 뇌 부위가 바뀌며, 낮에 습득한 지식의 일부는 더 강화되어 보다 전문화되고 자동화된 회로들로 옮겨진다. 열심히 공부하는 것과 푹 자는 것은 서로를 보완해주는 훌륭한 파트너이므로, 공부하는 것 못지않게 숙면 시간을 유지하는 것이 중요하다.

두 번째 과제는 자동화로 해결한다. 예컨대 연습을 반복해 읽기에 숙련되면, 이런 뇌 영역들은 더 이상 읽기에 관여하지 않는다. 일테면, 예전에는 컴퓨터상에서 이미지 데이터를 CPU와 프로그램이 처리했으나 이제는 그래픽 보드가 전문적으로 처리하는 것에 비유할 수 있다. 같은 일을 대량으로, 더 효율적으로 수행하는 자동적 정보 처리 루프(회로)가 형성되는 것이다. 전문적이고도 아주 빠른 속도로 처리하는 기능을 가진 뇌 회로가 형성되어 우리가 자주 만나는 일련의 글자들을 더 효과적으로 처리하게 된다는 뜻이다. 이때 가장 중요한 것은 집중적인 반복 읽기다. 건성으로 읽는 것이 아니라 정독을 하고, 충분히 반복해야 한다.

자동화 이전의 배움을 가내수공업이라고 한다면 이후의 배움은 삼성의 반도체 생산 시설이라고 할 만큼, 우리 뇌가 정교한 양산 시설이 가동되고 에러가 덜한 처리 시스템으로 바뀐다. 이를 위해서는 반복적이고 연속적인 독서가 필요하며, 특히 단기간에 효과를 거두기 위해서는 과하다 싶을 정도로 반복 학습을 해야 한다. 반복 학습을 몇 년 동안 꾸준히 하면, 이 회로가 일상적인 모드로 들어가 의식적인 개입이 거의 없이 자동으로 기능하게 된다. 이 단계가 되면 두정엽 및 전전두엽피질의 활성화도 필요 없이 읽기를 자동으로, 쉽게 처리할 수 있다.

이것이 바로 별로 공부 안 하는 것 같은데 시험만 보면 성적이 잘 나오는 학생과 죽으라 공부해도 못 따라가는 학생의 차이점을 과학적으로 설명해주는 가장 정확한 학설이다. 우리 두 저자는 여기에 전적으로 동의한다. 이전에 펴낸 외국어 학습법 책인《메타 쉐도잉》에서 밝혔듯이, 기억의 범위를 점진적으로 확대해가는 집중적 반복 학습 과정이 뇌가 외국어의 발음과 문자 체계는 물론 통암기 효과까지 가져다준다는 사실을 확인했기 때문이다. 그러므로 이제부터는 뇌에 문자 지식을 전문적으로 처리하는 그래픽 카드, 즉 단기기억을 장기기억으로 빠르게 넘기며 처리하는 공부 회로의 장착을 최대 목표로 삼아야 한다.

정리해보자면, 인간의 배움에는 네 가지 단계가 있다. 첫째는 개인의 특성과 관심도에 따라 대상에 선택과 집중을 하게 하는 '주의'이고, 둘째는 자신이 모르는 것을 알고 싶게 하는 '호기심'이고, 셋째는 몰랐던 것을 알게 됐을 때의 '놀라움'이며, 넷째는 반복 입력된 정보를 단순화하고 오랫동안 기억하게 하는 '통합'이다.

배움의 단계마다 숨어 있는 뇌의 도파민 분비 계획

지금까지 봤듯이, 도파민과 배움은 떼려야 뗄 수 없는 관계다. 그런데 배움의 어떤 과정에 도파민이 관여하는 걸까?

배움이 본능인 이유는 나의 생존에 유익한 정보를 반드시 기억해야 하기 때문이다. 그런 정보가 있어야 자신이 속한 환경에 적응할 수 있다. 또한 기억이 중요한 이유는 우리가 판단하고 선택하는 모든 것이 과거의 경험에 영향을 받기 때문이다.

하지만 누구도 이 세상의 모든 정보를 받아들일 순 없기에 자신이 처한 환경에서 선택적으로 받아들여야 한다. 그래서 '도파민'이라는 신경전달물질이 작용해 좋고 싫음을 가려내고, 좋아하는 것에 집중하게 하는 것이다. 도파민은 우리가 쾌락을 느꼈을 때만이 아니라, 그 쾌락을 느끼게 되리라고 예상할 때도 분비된다. 또한 주어진 정보가 과거 경험에 비추어 나에게 이로운 것이라고 판단된다면, 그때도 도파민이 분비된다.

컬럼비아대학교 인지신경과학과 대프나 쇼헤이미[Daphna Shohamy] 교수와 듀크대학교 신경생물학과 앨리슨 R. 애드코크[Alison R. Adcock] 교수의 공동 논문에 따르면, 도파민은 해마의 기억 형성에 직접적인 영향을 끼친다.● 대프나, 앨리슨 교수는 이 논문에서 중뇌의 도파민 뉴런은 해마와 중측두 영역(과거를 떠올리고 특정 미래를 상상하게 하는 뇌 부위)에 도파민을 직접적으로 투사한다고 밝혔다. 또한 해마 내에서 활동하는 도파민은 해마 내 뉴런의 연결성을 강화

●　Daphna Shohamy, R. Alison Adcock, "Dopamine and adaptive memory." (2010, October). Trends in Cognitive Sciences, 14(10), 464-472. https://doi.org/10.1016/j.tics.2010.08.002

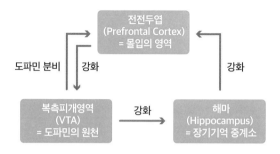

하고 장기기억에 기반한 행동을 지속하게 하는 필수 전구체라고 설명했다.

도파민은 또한 익숙한 것에는 별 반응이 없다가 신기한 것을 보면 감응한다. 즉 도파민의 핵심 목적은 '호기심과 몰입'이다.

정리하자면 도파민은 우리의 주의를 끌고, 호기심을 끌어내며, 단편적 지식을 통합하고 기억하게 하고, 그것을 떠올리게 하는 데 직접적인 영향을 준다. 도파민이 없을 경우 우리는 자발적으로 배울 수도 기억할 수도 없는 좀비와 다를 바 없다고 한다면 지나친 과장일까?

난독을 진단하는
두 가지 방법

난독증의 진단은 소아청소년과 또는 정신의학과의 영역이므로 여기에서는 따로 다루지 않는다. 다만 이 책은 난독(후천성 독서 장애)을 다루므로 난독증보다 더 광범위하고 일반적인 현상인 '난독 현상'에 대한 진단(판단)을 논하지 않을 수 없는데, 여기에는 몇 가지 기준이 있다. 대표적인 현상을 꼽는다면, 난독인은 낭독과 독서를 싫어하며 어휘력이 매우 부족하다는 것이다.

난독증을 제외하고, 난독의 진단은 크게 두 가지로 나뉜다. 하나는 행태적 진단이고, 다른 하나는 시선추적기를 이용한 정밀 진단이다.

행태적 진단과 자각 증상

—●●●—

행태적 진단에서는 글을 읽는 데 장애 또는 모종의 불편함이 있거나, 그 후유증으로 독서 장애 또는 심각한 문해력 저하를 경험하는지를 관찰한다. 난독인 스스로 느끼는 자각 증상과 주변의 학부모나 교사가 관찰하는 특이 증상으로 나눌 수 있다.

국제난독증협회에서 발표한 난독증 자가 진단 질문이 하나의 기준이 될 수는 있다. 그러나 이것은 보다시피 '난독증'에 대한 자각 증상들이다. 다만, 앞서도 밝혔듯이 난독증과 난독의 확고한 기준은 선천성이냐 아니냐이고 선천성이라면 난독증, 후천성이라면 난독으로 분류함이 타당하다.

난독 체크리스트 1

다음 중 7개 이상의 항목에 '예'라고 답한다면 선천성인 난독증(정신신경과 영역)을 의심해봐야 한다.

1. 책을 느리게 읽는가?
2. 학창 시절에 읽기 수업을 따라가기가 힘들었는가?
3. 글을 이해하기 위해 두 번, 세 번 읽는 일이 잦은가?
4. 낭독을 꺼리는가?
5. 독해나 작문 시 글자를 빼먹거나 바꾸는 일이 잦은가?

6. 철자 검사를 했음에도 여전히 철자에 오류가 있는가?

7. 독해 시 다음절어(발음이 어려운 단어)를 발음하기가 어려운가?

8. 책이나 소설보다 잡지나 짧은 기사를 선호하는가?

9. 외국어를 배우는 데 심각한 어려움을 겪었는가?

10. 다독이 필요한 업무 프로젝트나 수업 과정을 기피하는가?

난독 체크리스트 2

2장에서도 이 일부를 소개했는데, 다시 한번 체크해보자. 다음 중 1개라도 해당한다면 난독을 의심해야 한다.

1. 글보다 영상이나 오디오북이 더 편하다고 느낀다.

2. 글을 읽어도 내용이 잘 이해되지 않는다.

3. 문장을 처음부터 끝까지 다 읽지 않는다.

4. 두꺼운 책이나 긴 글에는 일단 거부감을 느낀다.

5. 어휘력이 부족하다.

6. 책을 사면 서문과 처음 10쪽을 읽고는 더 이상 못 읽는다.

7. 독서 속도가 매우 느리다(1초에 두 단어 이상 읽지 못한다).

8. 낭독을 할 때면 평소 말하는 것보다 발음이 뭉개지고 느리며 호흡이 고르지 못하므로 낭독을 기피한다.

9. 이해가 가지 않아 같은 문장을 세 번 이상 되풀이하여 읽는 일이 잦다.

10. 모르는 단어나 처음 보는 단어는 습관적으로 건너뛰면서 읽는다.

11. 국어 시험을 볼 때 시간이 부족해서 틀리거나 실수하는 일이 많다.

12. 책보다는 카톡이나 밴드, 인스타그램 등의 SNS에 몰두하는 시간이 많다.

13. 웹 소설 같은 선정적 내용의 짧은 글을 주로 읽는다.

14. 게임이나 만화, 동영상을 매우 좋아하고 하루도 빠지지 않고 참여하거나 시청한다.

이상의 항목들은 단독으로 일어나는 경우가 드물고, 대체로 여러 항목이 서로 연결되어 일어난다. 뇌 활동의 특성상 난독의 원인이거나 드러난 결과를 반영하는 것으로 볼 수 있으며, 따라서 난독을 의심할 만한 행동들이다. 뒤에서 설명하는 '시선추적기를 이용한 정밀 진단' 부분에서도 참고하길 바란다.

난독의 상대적 개념 확장

난독의 개념 확장은 현재 무분별하게 일어나고 있는 문해력의 수평적 개념 확장과는 근본부터 다르다. 'OO 문해력' 식으로 문해력이라는 단어를 가져다 붙이는 게 일종의 유행처럼 번지고 있는데, 1장에서 짚었듯이 실익은 없고 혼란만 키울 뿐이다.

이런 가운데 난독의 개념은 나를 포함하여 실질적 해결 경험과 개선 경험이 풍부한 전문가들이 수직으로 확대해나가고 있다. 즉, 난독 해결의 계통을 세워가고 있다는 뜻이다.

난독은 사람에 따라 피해의 정도가 다르다. 독서력 부족이 어떤 이에게는 그리 큰 영향을 주지 않는가 하면 어떤 이에게는 치명적일 수도 있다. 이를 '난독의 상대적 개념 확대'라고 한다. 순수한 읽기 능력의 부족으로 초래되는 부작용이나 피해가 있다면, 이는 곧 난독의 일종으로 확대 정의하고 개선의 노력을 기울여야 한다.

예를 들어 설명해보겠다. 국어 시험을 보는데 늘 시간이 모자라 지문을 꼼꼼히 읽을 수가 없고, 읽었는데 문항과 연결하지 못해 답을 못 찾는다고 해보자. 매번 그러는데도 뚜렷한 해결책이 없다면 본인에게는 얼마나 큰 문제이겠는가. 또 판사나 변호사, 검사라면 읽어야 할 기록이 어마어마할 텐데 꼼꼼하게 다 읽자니 피곤하고 대충대충 넘어갈 수밖에 없다면 큰일 아닌가? 읽는 능력의 상대적 부족을 호소하는 것은 당사자에게는 반드시 해결해야 하는 심각한 문제다. 일반적 기준으로는 문해력이 결코 뒤지지 않더라도 자기 직업에 걸맞은 독해력을 갖추지 못했다면, 일종의 상대적 난독 현상으로 판단하고 해결해줄 방도를 찾아야 한다.

왜냐면 충분히 대응할 수 있는 강력한 해결책이 있기 때문이다. 해결할 수 있기에 이처럼 더욱 심층적으로 파고들어 가는 것이다. 해결책도 없으면서 영역만 넓히려는 수평적 개념 확대와는 결이 다른 얘기다. 더욱이 시간이 흐름에 따라 난이도가 더 높아지고 접근하기 어려운 과목이나 직업군이 생기기 때문에 난독의 상대적 개념 확장은 갈수록 더 중요해진다. 수능 초창기인 28년 전 국어 시험과 지금의 국어 시험을 비교해봐도 난이도가 얼마나 상승했는지 알 수 있지 않은가.

즉, 난독의 개념을 '주변 환경이 요구하는 독서력 수준에 미치지 못함' 수준으로 확대할 필요가 있다. 국어 시험을 보는데 시간이 모자라는 수험생 또는 현재 2등급이지만 1등급에 도달하기 위해 투자한 노력과 시간에 비해 효율이 떨어지는 학생이라면 역시 상대적 난독이 원인이라고 볼 수 있다. 후천성 난독은 불치병이 아니라 개선이 가능한 어떤 상태에 불과하다. 문제는 이런 상황을 난독의 관점에서 관찰하거나 판단하려고 하지 않고, 연습문제를 더 많이 풀어서 출제 유형을 적중시키는 것으로 해결하려 하거나 교사의 수업 또는 학원 강의가 부실한 것으로 엉뚱하게 방향을 잡아 접근하려는 일선 교육기관의 태도다.

시험을 보는 스킬의 문제가 아닌데도 이른바 일타 강사라는 사람들은 "지문의 앞부분에 눈을 부릅뜨고 집중하라", "중간에 '그러나', '그런데', '그리고' 등의 접속사가 나오면 집중하라", "두괄식, 쌍괄식, 미괄식 중 어떤 문장인지를 먼저 파악하라" 같은 말을 한다. 이런 식으로 이뤄지는 강의가 있다면 걸러도 좋다. 글을 읽는 것이 힘든 학생들에게 독서 능력을 기르는 법을 가르칠 생각은 하지 않고 지엽적 문제 맞히기 기법만 가르치는 것이 교사이고 강사인가? 그것이 논술 강의의 본질인가? 책만 잘 읽으면 저절로 해결될 문제인데 엉뚱한 곳에서 답을 찾고 있는 현실이 안타까워서 참견해본 것이다. 난독을 해결하면 문해력은 저절로 따라오게 되어 있다. 이것이 결론이다.

UCLA의 저명한 인지신경과학과 교수인 매리언 울프Maryanne Wolf에 따르면, 현대인은 하루에 많게는 10만 개의 단어를 처리한다. 고등교육을 받은 성인이 평균적으로 1초에 4개에서 8개의 단어를 처리할 수 있다고 한다면 10만 개의 단어를 처리하기 위해서는 적게는 4시간, 많게는 8시간을 꼬박 글을 읽는 데만 투자해야 한다(이 정도의 글을 하루에 읽고 처리할 수 있는 직군은 중견·대기업의 임원, 법조인, 의료인, 교육인, 수험생, 엔지니어, 프로그래머, 대학생, 대학원생 정도다. 즉 전문직 종사자 또는 수능과 관련 있는 인문계 학생들이 울프 교수가 말한 현대인에 속한다).

이런 경우에는 개인이 느끼는 필요성이 진단 기준이 될 수밖에 없다. 따라서 본인이 원하는 목표치에 도달하기 위한 읽기 속도를 정하려면 현재 자신의 독서 행태를 정밀하게 검사해봐야 한다. 이럴 때 시선추적기가 아주 유용하다.

정밀 진단과 시선추적 기술

—●●●●—

난독을 시각적으로 진단하고 데이터화하기 위해서는 시선을 추적해 단어에 시선이 얼마나 머무는지, 글을 처음부터 끝까지 읽었는지, 제한 시간 내에 얼마나 많이 읽었는지, 시선 간의 이동 거리는 어느 정도인지를 확인해야 한다. 그리고 어휘 테스트를 통해 학습자의 어휘력을 판단해봐야 한다.

우리가 글을 읽을 때 모든 단어를 인지하기 위해 우리 눈이 끊임없이 움직인다는 사실은 앞서 알아봤다. 이번에는 문해력에 실질적인 영향을 끼치는 시선의 움직임을 좀 더 자세히 알아보자.

시선추적 기술은 인지뇌과학 연구를 위해 발명됐다. 시선의 움직임은 글을 읽는 사람의 뇌에서 문자가 어떻게 인지되는지를 보여준다.● 따라서 시선의 움직임을 객관적으로 알 수 있고 이를 어떻게든 분석할 수 있다면, fMRI(기능적 자기공명영상)나 PET(양전자 단층촬영) 같은 장치로 뇌를 촬영하지 않아도 글을 읽는 사람의 머릿속에서 일어나는 일을 상당 부분 알아낼 수 있다.

전통적으로 교육계에서는 인지 과정을 분석할 때 읽기 소요 시간과 문제 풀이 결과를 기준으로 하는 읽기 능력 검사가 주로 쓰였으나, 단순 응시와 복잡한 인지 과정을 구분할 수 없기 때문

● 　박영민(2012), "읽기 부진 학생의 눈동자 추적을 통한 읽기 과정 특성 분석 연구", 《국어교육》, 한국 어교육학회.

에 뇌에서 문서 독해 처리 과정이 어떻게 이뤄지는지는 전혀 짐작할 수 없었다. 다시 말해 학생이 책을 읽고는 있지만 실제로 어디를 얼마만큼 읽고 있는지, 이해하고 있는지, 차근차근 읽는지, 단어를 건너뛰진 않는지와 같은 교육상 중요한 문제를 옆에서 지켜보는 교사로서는 알 수 없었다는 뜻이다.

하지만 최근 들어서 시선추적 기술과 분석 기법이 발달함에 따라 학생이 수행하는 읽기 과정의 특성을 파악할 수 있게 됐다.●
학생이 글을 읽을 때 눈동자가 어떻게 움직이는지를 분석하면 되기 때문이다.

읽기에서 시선추적기를 이용해 시선 처리 과정을 분석하는 것이 중요한 이유는 난독의 원인과 해결책을 제시하는 데 유용하기 때문이다. 어떤 연구든지 하나의 이론 또는 문제의 개선 방안을 제시하기 위해선 여러 변수를 통제해야 한다. 예컨대 인지심리학자나 인지신경과학자가 학습자들의 인지 과정을 진단하고 분석할 때는 학습자들의 독서 환경을 동일하게 맞춰줘야 한다. 무엇을 읽는지, 어떻게 읽는지, 제대로 읽는지 아닌지를 판단하는 기준 등을 동일한 조건으로 맞추지 않으면 어떤 조건과 원인이 난독을 유발하는지 분석할 수 없기 때문이다. 문제의 원인을 모르면 당연히 해결 방안도 나올 수가 없다. 이에 과학자들은 1970년대부터 본격적으로 시선을 추적하는 방법과 시선을 고정시키는 방법 (RSVP) 등으로 학생들의 인지 과정, 즉 시선의 멈춤과 이동 과정을 기록하고 분석하기 시작했다.

시선추적 기술의 발달

묵독과 낭독에서 문해력의 현저한 차이를 발견하다

인류는 장구한 역사를 통해 문명을 후대에 전달해왔다. 종교 및 통치 이념, 기술과 지식 등을 전달하기 위해 후대를 교육했으며 문자의 발명 또한 그 과정에서 이뤄졌다. 따라서 문자는 교육과 의사 전달, 언어의 보존이라는 목적을 모두 가지고 있다. 인류는 교육의 대상이 되는 인간의 인지 과정에 관심이 많았고, 이를 발달시키기 위한 나름의 노력을 게을리하지 않았다. 학생들의 인지 습관을 실시간으로 분석할 수 있는 시선추적 기술의 역사가 100년도 더 됐다는 사실이 이를 방증한다.

1879년 프랑스의 안과의사 루이 에밀 자발Louis Émile Javal이 환자의 글 읽기를 관찰해보니 모든 단어를 똑같이 읽는 것이 아니라 단어(정확히는 단어의 난이도와 익숙한 정도)에 따라 글 읽기 속도가 다르다는 이론에서부터 시작됐다. 그 후 1908년 미국의 심리학자 에드먼드 버크 휴이Edmund Burke Huey가 처음으로 학습자의 인지 과정을

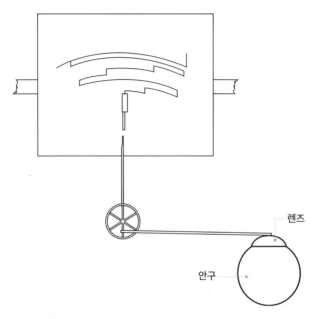

자료: Huey, E. B., (2018), "The Psychology And Pedagogy Of Reading. Franklin Classics."

관찰하기 위해 포인터가 연결된 렌즈를 눈에 씌우면서 시선추적 기법이 심리학계에 도입됐다.

　30년 뒤, 미국의 교육 심리학자인 가이 토머스 버즈웰Guy Thomas Buswell이 비접촉 광선식 시선추적 기술을 도입하면서 학습자의 인지 과정을 디지털로 기록할 수 있게 됐다. 이 과정에서 버즈웰은 모든 글자를 정독하지 않더라도 시선이 다음으로 넘어갈 수 있는 '묵독'과 모든 글자를 일일이 인식할 수밖에 없는 '낭독'의 확연한 인지적 차이가 있음을 발견하여 문자 인지 연구의 토대를 마련했다.

1950년대에 현재의 시선추적 장치의 모태가 되는 기기가 개발됐다. 이에 따라 연구 범위가 확장되어 1967년에 이르러서는 같은 그림을 보더라도 관심사에 따라 시선이 머무는 곳이 사람마다 다르다는 연구 결과가 발표됐다.[•] 1970년대부터는 키스 라이너 교수가 주창한 시선추적 기법을 통한 인지분석 방법이 본격적으로 정립됐다. 이와 더불어 시선추적 장치가 점차 발달함에 따라 교육계를 비롯한 산업계와 상업계에도 도입되어 현재까지 다양한 분야에서 인간의 시선을 추적하고 분석하는 연구가 진행되고 있다.

방금 언급한 것처럼, 시선추적 기술이 발달하는 과정에서 묵독과 낭독의 인지적 차이가 확연하다는 사실이 발견됐다. 물론 낭독의 인지 효과가 더 높다. 눈으로만 보면 빼먹고 넘어갈 수 있는 부분을 낭독할 때는 놓치지 않게 되기 때문이다. 소리와 문자의 관계를 생각해보면 너무나 당연한 이야기지만, 학문적 영역에서는 어떤 도구의 발명이 이를 선도한 다음에야 받아들여지는 경우가 많다(낭독에 대해서는 4장에서 자세히 다룬다).

시선이 머무는 곳과 시간이 난독 여부를 결정한다

시선추적 기법에서는 학생들의 글 읽기 과정을 어떻게 분석할까? 우리가 글을 읽을 때는 시선이 움직이거나 멈추는데 시선추적 방

•   Yarbus, A. L. (1967). Eye Movements and Vision (1st ed.). Springer.

법에는 이를 표현할 수 있는 기본 용어가 있다. 오늘날의 시선추적 방법을 창안한 키스 라이너 교수는 시선이 순간적으로 움직일 때의 활동을 '단속적 운동 saccade'이라고 일컬었다.● 시선이 선분線分처럼 A-B로 움직인다는 말이다. 그리고 시선이 한 단어에 일정 시간 머무는 활동을 시선 고정fixation이라고 하는데 이 두 가지가 기본 요소다.

그다음에는 시선 움직임의 다양한 변종이 등장한다. 시선이 정지와 선분 운동을 하는 과정에서 정방향(왼쪽에서 오른쪽으로, 한국어·영어 기준)으로 가는 것이 정상이지만 역방향으로 진행될 때도 있다. 이를 심리학에서는 시선 회귀regression라고 한다. 정방향으로 가다가 역방향으로, 즉 원 상태로 일부 돌아간다는 뜻이다.

시선 이동을 선과 원으로 표현한 시선추적 모식도

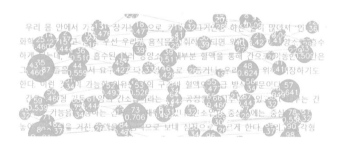

자료: https://eyewiki.aao.org/File:AA0_61866.jpg 참조

●   Rayner, K, (2009), The 35th Sir Frederick Bartlett Lecture: Eye movements and attention in reading, scene perception, and visual search, Quarterly Journal of Experimental Psychology, 62(8), 1457-1506, https://doi.org/10.1080/17470210902816461

앞의 그림에서 원은 시선 고정을 나타내고 직선은 단속적 운동을 나타낸다. 시선 고정을 포도알, 시선 이동을 포도 줄기라고 생각하면 이해하기 쉬울 것이다.

시선추적을 분석할 때는 다음과 같은 변인을 다룬다.●

- 읽기 시간
- 시선 고정 횟수(포도알의 개수)
- 총 시선 고정 시간(포도알의 합)
- 평균 시선 고정 시간(포도알 크기의 평균)

또한 문서를 정방향(왼쪽에서 오른쪽으로, 위에서 아래로)으로 제대로 읽었는지 아닌지도 인지 과정 분석에서 중요한 요소인데, 이는 시선 움직임의 방향(포도 줄기의 방향)과 길이(포도알과 포도알 사이의 길이)로 판단할 수 있다.

난독 학생과 일반적으로 글을 잘 읽을 수 있는 사람의 독서 패턴을 비교해보면 이상의 주요 변인을 쉽게 이해할 수 있다. 책 한 권을 읽는다고 할 때, 난독인 사람이 그렇지 않은 사람보다 훨씬 오래 걸릴 것이다. 모르는 어휘 또는 익숙하지 않은 문장 등을 읽고 이해하는 데 시간이 많이 걸리거나, 문장을 제대로 읽지 못해

●   강시내, 임동선 (2018), "시선추적기를 활용한 학령기 단순 언어 장애 아동의 이야기 읽기 이해력과 읽기 처리 과정 연구", Communication Sciences and Disorders, 23(4), 914-928.

서 다시 읽는 등 여러 가지 요인이 있기 때문이다.

연구 결과에 따르면 읽기가 부진한 학생은 시선 고정 빈도가 높고 시선 고정 시간이 길었으며, 이야기의 전반부에 집중적으로 시선이 몰리는 경향이 있었다. 반면 수용 및 표현 어휘력이 높은 학생일수록 높은 점수를 획득했고, 읽기 시간이 짧고 시선 고정 횟수가 적었다.

또 다른 연구에서도 비슷한 결과가 나왔다. 내용을 이해하기 어려울 때 학생들은 눈동자를 반복적으로 고정하고, 눈동자를 역행하고, 평균 고정 시간보다 길게 눈동자를 고정한다.●

글의 난이도가 높으면 읽기 및 시선 고정 시간이 길어지고, 시선 고정 횟수가 증가하며, 역행이 자주 일어난다는 연구 결과도 있다. 사실 결과만 놓고 보면 너무나 당연하다고 생각될 것이다. 어려우니 천천히 읽을 수밖에 없고, 어휘를 모르니 시선이 머물거나 주변을 뱅뱅 돌고, 모르니 다시 앞으로 가지 않겠는가.

'책은 자고로 천천히 읽어야 한다'라거나 '빨리 읽는다고 좋은 것이 아니다'라고 말하는 사람들이 많다. 하지만 단순히 천천히 읽느냐 빠르게 읽느냐가 문제 되는 것이 아니라 건너뛰지 않는 읽기, 즉 정독이냐 아니냐가 중요하다. 게다가 천천히 읽어야 기억에 남는 것이 아니라, 여러 번 되풀이해 읽어야 잘 기억된다는 사

● 　박영민(2012), "읽기 부진 학생의 눈동자 추적을 통한 읽기 과정 특성 분석 연구", 《국어교육》, 한국어교육학회, 139, 335-362.

실이 뇌과학적으로 밝혀졌다.[•]

반면 글 읽기가 능숙한 학생들은 중요한 부분과 그렇지 않은 부분을 선별할 수 있다. 이들은 글의 주요 부분에 시선을 오래 고정했고 그 외 부분에는 시선을 짧게 줬으며, 전체적으로 난독 학생보다 글 읽기가 빨랐다.[••] 글 읽기가 능숙한 학생들은 모든 글자를 조망하면서도 중요 문장을 선별할 수 있음을 시사한다. 결국 능숙함은 여러 번 읽는 습관에서 온다는 점을 보여주는 확고한 증거다. 한 번만 읽어도 내용을 파악하는 능력은 지금까지 여러 번 읽어온 내공이 발휘된 것뿐이지 원래부터 천재라서가 아니다. 글을 많이 읽음으로써 논조를 전개하는 방식에 익숙해졌기에 서론만 읽어봐도 두괄식인지 미괄식인지를 알고 주제와 핵심 내용을 어느 정도 판단할 수 있는 것이다.

시선추적에 관한 국내외 연구들에서 드러나는 읽기 부진 학생들의 공통적인 특징이 있다.

• 익숙하지 않은 단어나 모르는 단어에 대한 시선 고정 빈도가

[•] Ashby, J., Rayner, K., & Clifton, C. (2005). Eye movements of highly skilled and average readers: differential effects of frequency and predictability. The Quarterly Journal of Experimental Psychology Section A / Chace, K. H., Rayner, K., & Well, A. D. (2005). Eye movements and phonological parafoveal preview: effects of reading skill. Canadian Journal of Experimental Psychology.

[••] Hyona, J., Lorch, R. F. & Kaakinen, J. K. (2002). Individual differences in reading to summarize expository text: Evidence from eye fixation patterns. Journal of Educational Psychology 94, 44-45. / Hyona, J. & Nurminen, A. M. (2006). Do adult readers know how they read? Evidence from eye movement patterns and verbal reports. British Journal of Psychology 97, 31-50.

높고 시선 고정 시간이 길며, 이에 따라 독서 시간이 길다.

- 독서 후 이해력이 그렇지 않은 학생보다 낮다.
- 글을 읽을수록 집중도가 점점 떨어진다.
- 조금 전 읽었던 단어를 다시 읽는 시선 회귀가 자주 발생한다.
- 평균 도약 거리(포도 줄기)가 짧다.

시선추적기를
제대로 활용하는 법

일반적으로 시선추적기는 논문을 쓸 때 독서 행태를 정확히 분석하고 각각의 포도알과 줄기의 흐름을 계량적으로 분석하여 가설을 증명해내는 데 유용하다. 그런데 우리가 이 책을 집필하면서 수많은 관련 논문들을 찾아봤지만 난독 진단과 함께 치료 또는 개선 이후 학생들의 변화한 독서 행태를 제시한 논문은 발견하지 못했다.

난독증이든 난독이든, 즉 선천적이든 후천적이든 일단 독서 장애가 일어나면 어떤 경우에도 먼저 진단을 하고 진단의 근거를 남겨야 한다. 그런데 학생의 독서 특성을 상당히 정확하게 평가할 수 있고 제3자가 봤을 때도 객관적 평가가 가능한 시선추적기가 사용되지 않거나 시선추적 결과가 난독과 난독 개선 사이의 변화를 측정하는 도구로 우선되지 않는다면, 나머지는 모두 객관적으로 측정이 불가능한 개인의 주관일 뿐이고 비과학적 진단이 되어버릴 우려가 있다.

비록 시선추적기 자체에 난독을 개선하거나 치료하는 기능이 있는 건 아니지만, 난독을 주관적 느낌이 아니라 객관적 사실로 시각적으로 인식하게 함으로써 학생-학부모-교사라는 교육의 세 주체 간에 확실한 공감대를 형성하게 해주는 효과가 있다. 또한 일정 시간이 지난 다음 지금 하고 있는 난독 개선 교육의 효과를 눈으로 확인하여 결과에 확신을 주는 과학적 증거로서 기록을 남기는 효과 또한 있다. 마지막으로, 전과 확연히 달라진 시선추적 그래프는 난독 개선 수업을 진행하는 과정에 커다란 성취감을 주고 동기를 더욱 부여하는 효과가 있다.

이 결과가 시험 성적에 곧바로 반영되지 않을 수도 있다. 하지만 그렇더라도 글을 읽는 능력이 개선되고 장애가 해소됐다는 주관적 판단을 공고히 뒷받침하는 과학적 근거로서의 역할을 확실히 수행하는 유일한 과학적 교육 도구로서 시선추적기의 위상은 조금도 훼손되지 않는다.

아직도 시선추적기를 모르는 학교와 교육기관들

●●●

이미 시중에 이와 같은 기술이 존재하고 기술의 발전 방향이 독서 장애의 진단과 치료의 전 과정에 개입할 자리를 정확하게 가리키고 있는데도 교육 일선의 인식은 처참할 정도로 부족하다.

꼭 집어 말해서 미안하지만, 가장 관심을 가져야 할 중·고등학교의 국어 교사들이 가장 무지한 편에 속했다. 이들이 학생들의 난독 문제에 냉담하게 대처한 속 쓰린 이야기도 전해 들은 적이 있다. 한 학교의 교장 선생님이 난독 문제에 관심을 가져야 한다는 점을 먼저 인식하고 학생주임을 불러 의논했다고 한다. 하지만 그 자리에서 그런 것이 왜 필요하냐며 단호하게 잘라버리는 바람에 결국 포기했다는 것이다.

어찌 그 학교뿐일까. 상급 기관이라고 해서 사정이 더 나을 건 없었다. 난독을 전문적으로 교정하고 지원하기 위해 설립된 것으로 알려진 교육청 산하 교육지원청까지도 시선추적기를 보유하거나 사용할 줄 아는 전문가가 없는 상황이니 더 말해 무엇하겠는가.

문해력이 갑자기 들끓는 이슈가 된 것은 난독 현상이 수면 위로 떠오른 결과일 뿐이다. 따라서 문해력 문제는 난독 해결에서 출발해야 마땅하다. 그러려면 난독을 효과적으로 진단할 수 있는 시선추적기가 필수다.

귀댁의 자녀는 안녕하십니까?

내가 잘 아는 한 교장 선생님은 '모든 청소년 비행의 근본 원인은 난독'이라고 입버릇처럼 말씀하신다. 얼핏 난독의 병폐를 지나치게 강조한 것처럼 들리지만, 곱씹어볼수록 공감이 가는 얘기다.

지금 청소년들은 유아기 때부터 스마트폰 속 유튜브 키즈에 의존하면서 자랐다. 그리고 이제는 가족이 모두 모인 자리에서조차 각자의 스마트폰을 들여다보는 풍경이 보편화됐다. 부모가 아이를 진정으로 훈육하려 한다면 어릴 때부터 공을 들였어야 한다. 같이 시간을 보내고 대화하는 습관이 만들어져 있지 않으면, 어느새 부모 말을 듣지 않게 된다.

그러면 또래에게 배우는 것일까? 또래 또한 부모들과 떨어진 지 오래다. 한마디로 어른이 없어진 사회다. 학교는 어떤가. 학생들이 이 지경이 되도록 교사들은 뭘 했나 싶겠지만, 교사들은 가정통신문을 못 읽는 학부모의 질책에 대응하느라 잡무 처리에 몰두하는 생활인이 된 지 오래다.

학생들은 조물주가 부여한 본연의 지식욕을 추구하는 배움의 네 가지 단계에 의지해 스스로 배우는 수밖에 없다. 정답은 결국 독서라는 얘기다. 책에서 스승을 만나는 수밖에 없다. 그런데 막상 책을 읽으려고 하니 난독이라면? 오디오북이나 유튜브가 이를 대신할 수 없다는 것은 이미 증명된 사실이다. 종이책이 전자책으로 변할 수는 있어도 오디오북이나 동영상이 대체할 수는 없다. 인지의 메커니즘이 다르고 받아들이는 양이 상대가 안 되기 때문이다. 책 없이 동영상이나 오디오북만으로 로스쿨·의대를 졸업해 변호사·의사가 될 수 있다면 내가 틀린 것이다. 물론 천재는 예외다.

이 정도를 갈파했다면 그 또한 훌륭한 부모로 인정해줄 만하다. 적어도 이 책을 읽고 있다는 증거이기 때문이다.

그래서 지금 나는 학부모, 학교와 교육 당국, 정부에 간곡히 호소한다. 먼저 초·중·고 전 학생을 대상으로 시선추적검사를 신속하게 시행해볼 것을 제안한다. 숙련된 사람이라면 한 학생을 대상으로 유의미한 결과를 얻는 데 10분이면 된다(이동 및 준비 시간을 포함한 것이다). 이를 학교의 전체 학생 수로 곱하면 한 번 전수 조사를 하는 데 걸리는 시간이 나올 것이다. 모든 문제가 그렇듯 정확한 진단이 먼저요, 치료는 그다음이다. 언제나 방법은 있는 것이다.

시선 이동의 비밀과 스마트폰 스크롤의 폐해

난독의 특징은 책뿐만 아니라 전자 문서나 웹사이트의 글을 읽을 때 더 확연한 차이를 보인다. 웹 서핑을 하거나 전자 문서를 읽을 때는 필연적으로 스크롤링을 하게 된다. 그럴 때는 시선이 좌우가 아니라 위아래로 움직이게 된다. 특히 웹사이트는 중요한 부분에 표시하면서 읽을 수도 없기 때문에 시선의 역행이 자주 발생한다. 또한 책처럼 단순하게 글이 나열된 형태가 아닌 경우가 많기 때문에 시선이 쉽게 분산된다.

이와 관련된 흥미로운 보고서가 있다. 웹디자인 전문 회사인 닐슨노먼그룹Nielsen Norman Group의 보고서에 따르면, 문해력이 낮은 사람들(난독자)은 웹사이트의 글을 읽을 때 다음과 같은 특징을 보인다.•

- 오로지 글자에 초점을 맞추며, 한 줄을 읽는 데 눈을 천천히 움직인다(원문에서는 '글을 쟁기질한다'라고 표현했다).
- 글을 읽는 시야가 좁고 맥락을 벗어나 글자를 자주 놓친다.
- 글을 조망하지 못하며, 이용자가 의도했던 내비게이션 옵션을 빠르게 훑지 못한다.
- 다량의 복잡한 정보를 완전히 건너뛴다.
- 글을 찬찬히 읽을수록 (이해하기) 어렵고 시간이 많이 들기 때문에 매우 제한된 정보만 가지고 충분히 읽었다며 받아들이는 경향이 있다.
- 스크롤 행위 때문에 집중력이 분산되며, 읽고 있던 곳을 찾아갈 수 없다.
- 검색 용어의 철자에 어려움을 겪으며, 검색 결과를 처리할 때

● https://www.nngroup.com/articles/writing-for-lower-literacy-users/

그 과정이 논지에서 벗어난다.

어떤가? 느끼는 부분이 많을 것이다. 여기에 해당하지 않는 사람이 과연 몇이나 될까? 지금의 문해력 실태를 예고하기라도 하듯, 2006년에 나온 보고서임에도 현재 난독자의 독서 특징을 조목조목 열거하고 있다.

여기에 더해 10년 전부터 빠른 속도로 우리 생활을 점령해온 스마트폰 탓에 모바일 환경은 더 열악하다. 워낙 좁은 화면이다 보니 쓸어내리기(스크롤) 기능이 수시로 사용된다. 단톡방(단체 카카오톡방)이나 페이스북, 트위터, 인스타그램에서는 모든 그림과 문자가 좁은 세로 배열이어서 화면이 숨 가쁘게 위아래로 흐른다. 그렇다 흐른다. 이 말이 중요하다. 흐르는 동안 지식은 눈에 절대로 안 들어온다. 다시 말해 뇌에서 의미 있는 신호로 변환되지 않는다.

스크롤은 어쩌면 원하는 정보를 빨리 찾으려는 방편이겠지만 좌에서 우로 움직여왔던 우리의 시선이 위에서 아래로 흘러야 한다. 그것도 매우 빠르게 움직여야만 유효 시간 내에 필요한 정보를 찾을 수 있다.

시선이 특정 지점에 멈추게 되기까지 시각은 수많은 헛수고를 해야 한다. 그뿐인가. 가로 시선에서조차 단어 건너뛰기가 성행한다. 이 수많은 문자 톡 중에서 빨리 찾아 읽어야 하기에 어쩔 수 없다고 하더라도, 올 일이 안 오지는 않는다. 가로로는 단어를 건너뛰고 세로로는 습관적으로 줄을 건너뛰는 몹쓸 독서 형태가 점점 습관이 되어 굳어지는 현상, 바로 난독 말이다.

읽어도 내용을 모르는 현상은 시험을 볼 때 지문을 건너뛰게 해 지문과 문항 모두 제대로 못 읽는 현상을 초래한다. 안 그래도 난이도가 높아지는 국어 시험에서 시각 이동의 오류 때문에 이해력이 떨어지니 얼마나 억울할 일인가. 이를 정확히 가려내는 방법은 시선추적기를 사용하고 결과를 분석하는 것뿐이다.

시선추적기상에 나타난 난독 현상들

어휘력 부족은 난독인의 주요 특징 중 하나다. 원인은 분명하다. 책을 못 읽기 때문이다. 어려서부터 연령별로 읽어야 할 독서 목록을 완수해야 하는데 어느 시점부터 멈춰진 것이다. 정신의 성장이 멈췄다고 한다면 너무 심한 비유겠지만, 어휘는 지식의 표현과 전달에 필요해서 만들어진 것이므로 이를 모르면 그 세계에서의 성장이 멈춘 것으로 표현할 수밖에 없다.

성장이 멈춰버리면 떼를 쓰게 된다. '못 알아먹겠으니 그림으로 잘 표현해봐라', '동영상으로 하지 요즘 세상에 누가 글로 알리나', '나만 그런가요? 모르겠어요'라면서 동의를 구하는 척 사람들을 선동한다. 한마디로 내가 모르는 말을 쓰지 말라는 것이다.

유아의 말을 옮겨온, SNS에서 끼리끼리 쓰는, 맞춤법 무시한 말들을 핫하다며 낄낄거린다고 해도 현실에서 그게 통할 리 없다. 그게 통한다면 기업은 유치원 용어로 프레젠테이션을 할 것이고 정부 보고서에도 유치원생이 쓰는 말이 난무할 것이다. 기업은 지식을 전달해 업무를 수행해야 하는데 막막할 것이고 정부는 정책에 사용되는 엄청난 말들을 유아 용어로 바꾸느라 진땀을 뺄 것이다. 개선되고 발전하는 것이 아니라 쪼그라들고 열등해지는 망조의 길을 걷게 된다. 처음에는 개인의 문제겠지만, 사회가 이런 현상을 고치지 못하고 오히려 동조하면 사회 전체가 서서히 그렇게 변한다. 무서운 말이지만 수렁에 빠지는 것처럼 확실한 결과를 초래하기 때문에 때로는 냉정해져야 한다.

문해력의 핵심은 어휘력이다. 이것을 이해할 수 있다는 사실은 이런 어휘가 포함된 문장을 읽고 이해한다는 것이고, 이를 사용한다는 것은 문해력이 높다는 증거다. 어휘는 그것을 사용하는 인간의 인격적 단면을 보여준다고 해도 과언이 아니다.

어휘력은 또 훈련이다. 하루아침에 무너지지도 않고 하루아침에 만들어지지도 않는다. 꾸준한 독서의 결과이기 때문이다. 꾸준히 난독이었거나 독서를 게을리했다면 그만큼 어휘가 뒤처진다. 그러나 정말 필요하다면, 일종의 장애를 고치는 방법으로 인식하여 단시간에 개인의 나이와 학문적·사회적 수준에 맞게 기술적으로 채워 넣을 수는 있다.

이 장에서는 이것이 가능하며 난독을 치료하는 한 가지 방법이 된다는 점만 확실히 이해하고 넘어가자. 난독 치료와 개선에 대해서는 뒤에서 자세히 다룰 것이다.

어휘 부족 현상

• 포도송이

어휘가 부족하고 문맥을 파악하지 못하는 상태를 나타내는 신호다. 시선이 특정 단어에 3~4개 이상 집중적으로 표시되며, 대개 다음 시선이 다른 곳으로 크게 벗어나는 궤적을 그린다.

• 공백 현상

시선 사이의 간격이 지나치게 넓은 현상으로, 단어를 읽지 않고 건너뛰는 것이다. 시선추적 기록에는 원과 원 사이의 많은 공백을 잇는 긴 가로선으로 나타난다. 그러나 이는 나중에 속독으로 한 번에 여러 개의 단어를 빨리 스캔함으로써 시선추적기상에서 마치 훑어보고 넘어가는 듯한 현상이 생기는 것과 전후의 기록을 검토하여 확실히 구별해야 한다.

- 밤톨

지나치게 큰 원은 장시간 시선이 머문 흔적이다. 포도송이와 마찬가지로 어휘를 바로 파악할 수 없거나 문맥을 빨리 파악하지 못해 다음으로 얼른 넘어가지 못하는 상태를 보여주는 중요한 지표다.

난독 증상 1: 어렵거나 익숙하지 않은 어휘에 시선이 고정되는 현상

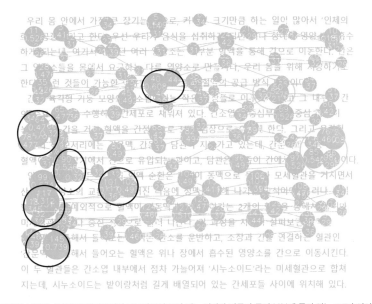

어휘력 부족은 시선추적 결과도에서 포도알들이 뭉쳐 있는 커다란 밤톨과 특정 부분에 몰려 있는 포도송이의 형태로 나타난다. 이런 형태는 그곳에 시선이 오래 머문다는 뜻이며, 시선이 주변을 계속 맴돈다고 해석할 수 있다.

단어 건너뛰기 현상

이 또한 난독의 주요 원인이자 문해력 저하의 주요 원인으로 꼽힌다. 대표적인 단어 건너뛰기는 한 줄의 줄 바꿈 부분, 즉 줄의 끝부분과 그 아래 줄의 시작 부분에서 연속적으로 일어난다.

SBS스페셜의 〈난독시대〉에 소개된 에피소드처럼, 바로 이런 이유로 AI 로봇 도로보 군이 풀어내는 쉬운 문해력 문제를 인간이 못 푸는 황당한 일이 벌어지는 것이다. 단지 읽는 습관 때문에 이처럼 큰 차이가 벌어진다는 사실이 놀랍지 않은가?

난독 증상 2: 줄 건너뛰기

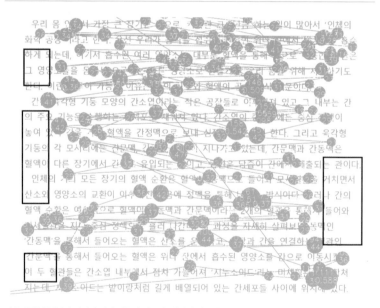

좌우의 일정 부분에 시선이 전혀 머물지 않는다. 시선이 머물지 않은 부분은 전혀 인지되지 않기 때문에 그에 해당하는 단어들을 지속적으로 건너뛰게 되며, 따라서 글이 연결되어 이해될 리가 없다.

더 심각한 것은 줄 전체를, 그것도 여러 칸 건너뛰는 경우다. SNS의 일상적 사용으로 인한 스크롤 습관 때문이다. 스크롤을 하듯 눈이 위에서 아래로 훑어 내려가는 동작을 무의식적으로 반복하게 되는 것이다. 그러고 나면 무엇을 읽었는지 모른다는 것을 깨닫고 역행하게 된다. 난독의 전형적인 증상이다.

4장

난독은
고칠 수 있다

내가 워드플레이어해
고 미리 대비하기 위...
를 만들어낼 수 있는 ...
내심 염려스러웠다. 그러...
겠다. 내 염려의 핵심은 '디지털...
다. 그런데 누가 그걸 일일이 읽을...
보가 홍수처럼 쏟아져 나오겠지만, 정...
면면히 이어져 온 인류사의 발전이 이...
중 어릴 때 받았던 독서 훈련이 떠올랐다...
데, 그 훈련 덕에 글을 꼼꼼히 읽는 습관이...
면 어떨까 하는 생각이 들었다. 디지털 문서...
로 눈은 가만히 있고 글자가 움직여 눈이 수동적...
먹거나 줄을 건너뛰는 일은 방지할 수 있지 않을...
워드플레이어'다. 워드플레이어는 디지털...

난독의 시대를 예견하
...를 사용해 누구나 문서
...만들어낼 문서의 홍수가
...자면 예견이고 대비일 수도 있
...를 모니터에서 읽고 처리해야 한
...업혁명의 도래와 함께 온갖 정
...렇게 활용할 수 있겠는가. 자칫하면
... 있으리라는 생각마저 들었다. 그러던
...단어에 맞추어 빠르게 굴리는 방법이었는
...움직였다. 이 방법을 현재 상황에 적용해보
... 있으니 어렸을 적 훈련 방법과 반대
...게 하는 개념은 어떨까? 그러면 단어를 빼
...해서 탄생한 것이 '단어가 동영상처럼 움직이는

精讀(정교하게 읽음), 나아가 정속독速讀(정
교하고 빠르게 읽음)을 할 수 있도록 고안된 발명품이다. 하지만 당시는 지금만큼 문해력 붕괴 문제가
심각하게 대두하지 않아서 일반인은 물론 정부조차 ... 필요성을 제대로 느끼지 못했다. 나는 그런 현
실을 아랑곳하지 않고 한컴과 접촉하여 아래아 한글에 이 기능을 심으려는 무모한 도전을 감행했고,
숱한 시행착오 속에 무려 6년이라는 시간을 보냈고 ... 그리고 마침내 실질적인 성과를 거뒀으며, 이 책
은 그간의 연구 결과를 정리한 일종의 보프롤로그 ... 인류 발전의 걸림돌 난독, 해법은 분명히 있다.

난독 치료의
원칙과 목표

지금까지 난독의 실태와 이에 따른 문해력의 붕괴 양상 및 난독의 진단에 대해 다방면으로 살펴봤다. 이제 이를 해결할 방법을 논할 때가 됐다. 3장까지 현 상황에 대한 공감과 시급한 해결책 모색을 강조했는데, 지금부터는 난독 치료에 대한 이야기를 시작할 것이다.

난독증과 달리 난독은 선천성이 아닌 후천적 독서 장애라는 특징이 있다. 디지털 기기의 과도한 사용으로 시작되고 심화됐으므로 '디지털 난독'이라고도 한다. 이를 치료할 때는 병원에서 하듯 약물이나 주사제를 투여하는 것과 달리 인지뇌과학적 접근법을 사용한다.

사실 난독증이 아닌 난독은 정신과의 치료 영역이 아니라 교육의 영역이지만 교육심리학적으로만 다루기에는 발생하는 빈도나 숫자가 지나치게 많다. 그래서 통합적 매뉴얼이 필요하다. 대량으로 진단해내고 대량으로 고쳐야만 한다는 현실의 시급한 상황을 고려해야 한다. 또한 여기서 소개하는 치료 과정에서는 부작용이 보고된 바가 전혀 없으므로 더욱 적극적으로 시도해봐야 한다.

난독 치료의 원칙

난독은 부끄러운 병도 아니고 감염되는 병도 아니며, 현대 문명의 부작용으로 생겨난 자연스러운 현상 중 하나다. 눈이 나빠졌을 때 안경을 쓰는 것처럼, 전혀 창피한 일이 아니라는 공감대를 전 국민적으로 형성함으로써 자발적 참여를 이끌어야 한다.

이를 위한 세 가지 세부 원칙은 다음과 같다.

- 난독 학생과 학부모의 자각과 관찰을 통한 자가 진단에서 시작한다.
- 학교와 관련 교육 지원청 등의 기관이 적극적으로 정보를 공유할 수 있도록, 교사가 학생의 학업 성적 하락 추이와 수업 태도

등을 깊이 있게 관찰하여 정보를 공개한다.

- 초·중·고등학교에서 학교나 학년 단위로 1년에 한 번씩 시선추적기를 이용해 난독에 대한 정밀 전수검사를 실시한다.

난독 치료의 목표

난독의 원인을 제거하고 난독으로 붕괴된 문자 인지 시스템을 신속히 복구한다.

- 어휘력의 복구
- 망가진 시선 이동의 복구
- 느려진 읽기 속도의 복구(독서 시 시선 고정 문제 극복 포함)

또 하나 간과해서는 안 될 점이 있다. 치료 기간을 통틀어 한 학기, 즉 6개월을 넘기지 말아야 한다는 시간상 제약이다. 난독 치료는 기존 난독인의 잘못된 인지뇌 활동을 시각적으로 교정하는 방법이라고 할 수 있으므로 단기간의 집중 치료가 더 효과적이다.

난독인의 소감 일지상 자각, 교사의 관찰, 그리고 가장 중요하게 시선추적기의 기록을 통해 위의 세 가지 부분에서 유의미한 변화를 확인해야 한다(5장 참조). 이는 의료 영역에서 암이나 폐결핵의 진단과 치료에 쓰이는 가슴 엑스레이의 전후 변화에 견줄 만큼 반드시 필요하다.

난독이 사라진 미래를 꿈꾼다

현재의 문해력 붕괴 현상은 대다수 교육 관계자에게 당혹감을 안겼다. 난독이 그 주범이고, 난독의 주요 원인은 변화된 디지털 환경이라는 것은 이론의 여지가 없다.

그런데 디지털 기기를 멀리하는 것이 해결책으로 제시되는 것은 난센스다. 왜냐하면 이것들이 우리 생활을 편리하게 해준다는 것도 분명하기 때문이다. 또한 코로나19 팬데믹 같은 위기에 기민하게 대처하게 해주었을 뿐 아니라 한류가 세계를 제패하게 하는 등 거부할 수 없는 이점도 많다. 인간이 이를 어떻게 잘 이용할 수 있느냐의 문제이지 문명 발달의 잘못으로 돌리는 것은 무책임하다고도 할 수 있다. 이처럼 디지털로 발생한 문제는 사실 디지털 기술로 해결하는 것이 가장 합리적이고 속도도 빠르다.

난독의 문제를 기존 수업이나 독서력을 못 따라가서 생기는 위기로 보느냐, 아니면 향후 인류의 지적 능력이 무한히 발전하는 데 장애물이 된다고 보느냐에 따라 치료 목표는 달라진다.

사실을 말하자면 기존 학교 수업을 따라갈 수 있도록 독서력을 높이는 것은 아주 쉽다. 문제는 기존의 학교 수업에서 가르치는 읽기 수준이 날마다 막대한 정보가 쏟아져 들어오는 현재 상황에 적응할 수 있는 수준에 한참 못 미친다는 것이다.

앞서 언급한, 현대인이 하루에 처리하는 단어의 개수가 10만 개라는 매리언 울프 교수의 말을 떠올려보자. 결론적으로 나는 그 이상을 최종 목표로 하여 학생들의 읽기 교육을 지도해야 한다는 점을 강조하는 것이다. 하루 10만 개 이상의 단어를 4~5시간 내에 처리하면서 여유 있는 하루를 보내는 능력 있는 인재가 가득한 대한민국, 이것이 내가 꿈꾸는 우리나라의 몇 년 뒤 모습이다. 난독이 완전히 사라지고, 유튜브 같은 동영상 포털과 함께 혁신적인 전자책들이 일상화되어 기존의 SNS와 경쟁하고 공존하는 사회 말이다. 물론 종이책이 사라지지는 않을 것이다. 난독인이 사라지기 때문에 책의 미래는 오히려 더 밝아질 것이다.

난독 치료의 역사와
RSVP의 등장

RSVP란

3장에서 인지과학자들이 학생들이 글을 읽을 때의 인지 과정을 기록하고 분석하기 위해 시선을 추적하는 방법을 개발했고 시선을 고정시키는 방법, 즉 RSVP가 있다고 소개했다. 시선을 추적하는 방법은 알겠는데 어떻게 인지 과정을 기록할 수 있다는 것인지 이해가 안 되는 독자들이 많을 것이다. 하지만 이 방법은 이미 50년 전부터 교육 심리학계에 도입됐으며, 현재 정신의학계에선 난독증 개선을 위한 가장 효과적인 기술로 잘 알려져 있다.●

RSVP는 'Rapid Serial Visual Presentation'의 약자로, 직역하면

●   〈정신의학신문〉, http://www.psychiatricnews.net/news/articleView.html?idxno=8008

'빠르고 순차적인 시각적 제시'다. 학습자의 시선을 화면 중앙에 고정시키고 단어를 하나씩 차례대로 그 화면 중앙에 빠르게 보여 주면서 학생이 시선을 그 순간 그 단어에만 집중하여 인지하게 하고, 단어가 나타나는 속도를 조절하면서 학생의 인지 능력 변화를 분석하는 기술이자 연구 방법이다.●

정확히 말하면 시선을 고정시키는 것은 아니고 한 번에 한 단어씩 볼 수밖에 없게 함으로써 그것에만 집중하게 디자인되어 있다. 시선을 이동하게 하는 것이 아니라 단어에 시선을 고정하면서 단어가 사라지고 새로운 단어가 나타날 때 집중적으로 인식하게 하는 문장 인식법이라고 할 수 있다.

RSVP는 처음에는 학생의 인지 능력 변화를 관찰하고 분석하는 데 쓰였다. 그런데 결과를 관찰해보니 실제 학생의 문해력이 상승했다는 걸 알게 된 교육자들이 교육적 기법으로 응용하기 시작했다.

RSVP는 어떻게 작동하나

RSVP가 읽기의 인지뇌과학 발전사에서 한 획을 그은 혁신적 발명인 이유는 이전까지 인간의 독서 활동을 단어 단위로 이토록 정확

●　　https://www.youtube.com/watch?v=4mlS3UCV5SY&t=30s

히 통제한 적이 없었기 때문이다. 이로 말미암아 인간이 단어 단위로 인지한다는 사실을 알게 됐고, 얼마나 빨리 읽을 수 있는지를 알게 됐으며, 어디까지 집중할 수 있는지도 알게 됐다. 이에 이 기술은 그 자체로 학자들의 기존 의문점들을 상당히 해소할 수 있는 수단으로 오랫동안 활용됐다. 어떤 글자를 보여줄지, 얼마나 빠르게 보여줄지를 간단한 조작을 통해 설정할 수 있어서 비교적 정확하게 인간의 인지 활동을 분석할 수 있었다.

그렇다면 읽기의 뇌과학에서 인간의 독서 활동 통제가 왜 중요할까? 글에 몰입할 수 있도록 다른 외적인 요소를 배제하여 뇌가 오로지 글을 읽는 데만 사용되게 해야 정확한 연구를 할 수 있기 때문이다. RSVP는 맨 앞에 붙은 'Rapid(빠른)'라는 단어에서 알 수 있듯, 속독이 기본이고 이후 차례차례 나타나는 단어에 시각을 극단적으로 집중시키는 프로그램이다. 마치 오직 정면만 볼 수 있도록 경주마에게 씌우는 차안대처럼, 사람의 시각을 단어에 집중시키고자 고안된 기술이다. 빠르게 글을 보여줌으로써 시선이 튀지 않게 하고, 글을 차례차례 보여줌으로써 하나씩 나타나는 단어를 쳐다보는 데에만 집중하게 하는 것이다. 그러다 보면 어느새 글자의 연속인 문장을 인지하게 되고, 작업기억의 연장으로 지나간 궤적을 저절로 기억함으로써 전체를 이해하게 하는 원리라고 이해하면 된다.

이런 측면에서 본다면, 시선추적 기법에는 없는 인간의 인지 능력 향상을 위한 조건을 갖춘 셈이다. 단어를 하나씩 보여주는 RSVP는 어휘력 상승과는 아무런 관련이 없지만, 단어를 건너뛰며 읽어서 글을 읽어도 이해하지 못했던 사람들에게는 이런 독서 활동 통제가 긍정적인 효과를 가져올 것이다.

RSVP가 가져다주는 세 가지 효과

RSVP는 이미 1970년대부터 심리학계에 소개됐다. 이 연구 방법과 기술을 처음으로 세상에 소개한 MIT 인지과학 교수 메리 C. 포터 Mary C. Potter는 이 방법으로 다음과 같은 세 가지 효과를 증명할 수 있다고 얘기했다.[•]

- 독서 습관 개선(건너뛰어 읽기 방지)
- 독서 시 시선 고정 문제 극복
- 일부 난독증 개선

이 중 일부 난독증 개선은 속도를 매우 느리게 해 단어를 한 글자씩 차례로 인지시켜나가는 방법으로 가능했던 것으로 보인

[•] Potter, M. C. (2018), "Rapid serial visual presentation (RSVP)", New Methods in Reading Comprehension Research, 91-118, https://doi.org/10.4324/9780429505379-5

다. 또한 이런 RSVP를 통해 글을 읽은 난독 학생들이 평범하게 책을 읽은 보통 학생들보다 글을 읽은 뒤 기억하는 양이 더 많았다는 연구 결과도 있다.●

그러나 RSVP는 스스로 만든 제약 조건 탓에 자기모순에 봉착할 수밖에 없었다. RSVP는 시선을 고정하고 눈 깜빡임을 억제해서라도 학습자에게 최대한 많은 단어를 단시간에 인식시키는 기술이다. 하지만 글이라는 것은 단어로만 존재하는 것이 아니라 문장 이상의 단위에서 맥락이 드러난다. 이전 단어 또는 문장을 다시 볼 수 없게 디자인된 RSVP는 인쇄된 책과 달리 전후의 맥락을 파악하면서 시선을 앞뒤로 자유롭게 이동하면서 확인할 수 없다는 것이 치명적인 문제점이었다.

한국어와 영어를 기준으로 우리의 가장 자연스러운 글 읽기 방식은 왼쪽에서 오른쪽으로, 위에서 아래로 읽는 것이다. 50년의 역사와 엄청난 마케팅과 학계의 인정 및 찬사에도 불구하고, 시선을 고정하는 RSVP 읽기 방식이 보편적인 디지털 문서 읽기 방식으로 채택되지 못한 것도 우리의 기본적인 읽기에 사용되는 시선 이동 방식과 맞지 않기 때문이다. 결정적인 것은 마이크로소프트의 워드나 아래아한글 등의 워드프로세서나 아마존의 킨들은 고사하고 전자책의 표준 규격과 호환될 수 없다는 치명적 결함이 있

●　Chen, H. C., "Reading normal versus rapid, sequential text formats: Effects of text structure and reading ability", Technical Report No. 122, Institute of Cognitive Science, University of Colorado, 1983.

다는 것이다. 일테면 RSVP의 발전 궤적을 쭉 따라가 봤더니 막다른 골목에 이른 느낌이랄까?

이 문제를 정식으로 지적한 사람이 유명한 뇌과학자인 위스콘신대학교의 인지신경과학자이자 읽기와 난독증 전문가인 마크 세이덴버그 교수다. 그는 자신의 저서 《시각의 속도로 말하기 Language at the Speed of Sight》에서 "아마존 킨들 같은 기존 디지털 독서 기기나 전자 문서 뷰어는 독자의 독서 속도를 느리게 한다"라며 독서의 속도를 강조했다. 그리고 "(RSVP같이 사람의 시선을 견인하고 몰입하게 하는) 문자 표시 변화를 구현할 수 있는 다른 효과적인 방법은 내가 아는 선에서는 없다"라며 '문자 표시 변환'이라는 용어로 RSVP를 암시하면서 이를 계승하고 발전시키지 못한 전자책 회사들의 분발을 촉구했다. 그러면서도 아직까지 이를 능가할 시선 이동의 혁신적인 기술이 없음을 한탄하는 안타까움을 토로했다.●

RSVP의 한계

—●　●　●—

그러나 반전이 있다. 이미 그 한계를 뚜렷이 드러낸 RSVP를 이 정도로 자세히 소개한 이유는 이런 '문자 표시 변환 기술'이 서구에

●　　Seidenberg, M. (2018), "Language at the Speed of Sight: How We Read, Why So Many Can't, and What Can Be Done About It", Adfo Books.

서는 오랫동안 읽기의 뇌과학적 진보를 가져오는 확실한 기술로 주목받아왔기 때문이다. RSVP의 실용적 적용을 위하여 오랫동안 고심한 흔적이 역력한 역사를 독자들과 공유하고 싶었다.

그보다 더 중요하게는, 그들의 노력에도 불구하고 현대 디지털 문서 규격의 대표 격인 워드플레이어나 전자책 영역에서 실용적으로 탑재할 수 있는 문자 표시 변환 기술이 개발에 실패했음을 다시 한번 상기시키고 싶었다. 그래야 여기 대한민국에서 개발한, 앞으로 소개하려고 하는 신기술의 총체 워드플레이어가 RSVP의 모든 단점을 극복했다는 점을 더 드라마틱하게 전할 수 있기 때문이다. 물론 그게 전부가 아니다. 워드플레이어는 아래아한글 같은 워드프로세서와 호환할 수 있고 이퍼브EPUB 같은 전자책 문서와도 완전히 호환됨으로써 인지뇌과학자들의 오랜 숙원을 풀어준 획기적인 문자 표시 변환 기술이다.

서구 뇌과학계의 숙원이던 기기가 엉뚱하게도 변방이었던 한국에서, 더욱이 그들과 어떤 교류도 없이 20여 년 전부터 독자적으로 착안돼 마침내 워드프로세서나 전자책 규격과도 호환할 수 있도록 발명된 역사를 설명하자니 나도 모르게 눈을 감고 잠시 호흡을 고르게 된다.

워드플레이어의 발명과
난독 치료의 새로운 패러다임

워드플레이어가 등장하기까지

이제 우리는 인간이 문자를 발명한 이래 그 기록을 후대에 전하려고 얼마나 애써왔는지를 충분히 알게 됐다. 그럼에도 지금 우리는 독서와의 전쟁을 벌이는, 이른바 난독의 시대를 맞이하고야 말았다.

20세기에 들어서 인류는 뇌과학자들의 연구와 영감에 힘입어 그나마 유의미한 몇 가지 결과물을 생산해냈다. 바로, RSVP와 시선추적기다. 그중 RSVP는 앞에서 살펴봤다시피 태생적 한계로 말미암아 인류가 발명한 디지털 문서 표준 규격에 포함될 수가 없었고, 그 때문에 점차 사라지고 있다. 또 하나의 기술인 시선추적기는 난독을 진단할 수는 있지만 정작 시선은 교정할 수 없다는 한계 때문에 학자들이 난독 실태 조사 데이터를 분석할 때 유의미한 과학적 증거로 이용하는 데 만족해야 했다. 한 발 더 나아간다고 해봤자, 웹사이트 방문자의 시선이 어디에 먼저 그리고 가장 오래 머무는지를 조사하는 도구로 쓰이는 정도다.

이 정도면 독서 시장은 신기술의 무덤이라고 해야 할까? 아니면 독서 교육이 신기술의 무덤이라고 해야 할까? 둘 다 책임에서 벗어날 수는 없을 것이다. 그동안 종이책은 전혀 발전이 없었다. 날마다 엄청난 나무들을 베어내는 것 말고는….

워드플레이어란

워드플레이어란 동영상 플레이어나 MP3 플레이어처럼 텍스트 문서를 단어, 즉 워드 단위로 좌에서 우로 다양한 속도로 움직이게 디자인된 문서 뷰어를 통칭하는 말이다. 문서 뷰어란 아래아한글 뷰어처럼 .hwp 문서를 볼 수 있는 프로그램을 말한다. 워드프로세서는 문서편집 기능을 겸하고 있지만 편집 기능을 제외한 순수 문서 보기 기능만을 말하는 용어다.

한국에서 세계 최초로 개발한 워드프로세서용 워드플레이어로는 다이나뷰가 있고, 전자책 문서 뷰어로는 코덱스 레아두스codex readus가 있다.

서구의 오랜 독서 도구 개발 역사에서 명멸했던 발명가들과는 일말의 교감도 없이 시작된 일이지만 사람의 생각은 크게 다르지 않은 것인지, 같은 목적으로 고민한 결과라는 사실을 알고 내심 놀라웠다. 결과적으로 워드플레이어는 눈을 통제하여 단어 하나하나에 집중하게 한다는 RSVP의 기본적인 원칙을 창의적으로 발전시킨 기술이다. 더 나아가 워드프로세서나 전자책 등 현대의 표준 디지털 문서 규격에 성공적으로 안착시킴으로써 대중의 독서 능력 향상에 기여하고자 했던 RSVP 개발자의 염원과 일치하는 결과에 이르게 됐다.

또 한 가지는 정상적인 시선 이동을 보장하고 나아가 교정하고 촉진한다는 것이다. 난독인의 특징 중 하나는 시선의 고정 현상이다. 이는 시선추적기에서 밤톨 현상으로 나타난다. 밤톨은 포도알이 너무 커진 것을 가리키는데, 한두 단어에 너무 오래 머무르는 시선을 표시한다. 이것이 나타나면 거의 난독이라고 보아도 좋다.

서구 독서 연구에서 또 하나의 결실인 시선추적기를 재조명해볼 때, 워드플레이어의 등장으로 시선추적기가 드디어 본연의 빛을 되찾게 됐다. 시선추적 기술의 순수한 학술적 의도에도 불구하고, 그동안은 인간이 어디에 주의를 집중하는지를 파악하는 것이 상업적으로 이용됐을 뿐 그 본연의 목적인 독서력을 향상시키는 데에는 크게 활용되지 않았다. 그런데 이제 시선추적기가 제

몫을 해낼 타이밍이 찾아왔다. 즉 워드플레이어의 빠른 난독 치료 효과에 힘입어 난독인의 치료 전후 시선 이동의 궤적을 정확하게 비교함으로써 과학적으로 검증하는 도구로서의 빛나는 역할이 부여된 것이다. 이렇게 놓고 보니 워드플레이어는 RSVP와 시선추적기 발명의 연장선에서 이 둘을 계승·발전함으로써 장차 다가올 난독의 시대를 준비해왔다는 생각이 든다.

워드플레이어는 독서와 관련된 인지뇌과학 발전 과정의 역사를 계승한 과학적 도구일 뿐 아니라, 대부분의 난독 현상을 개선 또는 치료할 능력을 보유하고 있다.

워드플레이어가 키워주는 네 가지 능력

정독 능력

이는 워드플레이어 본연의 능력으로, 사람이 느끼기에 모든 단어에 눈을 마주치게 하는 효과다. 실제로 경험해본 사람들은 처음에는 책의 모든 단어가 차례차례 눈으로 뛰어 들어오는 느낌을 받는다고 표현했다.

그렇다면 눈이 아플까? 정반대다. 글을 읽으려고 의식적으로 눈동자를 움직일 필요가 없기 때문에 오히려 피로도가 낮다. 종래의 독서와 달리 눈은 수동적 자세를 취하므로 종이책을 읽을 때의 피곤함이 사라지고, 문자들의 플레이(워드플레이)를 감상하기만 하면 어느새 책장이 넘어가고 머릿속에는 내용만 남게 된다. 종이책에서는 경험해본 적이 없는 진정한 정독의 효과로, 빠를수록 내용이 머리에 더 잘 남는 것을 경험하게 된다. 이것이 뇌인지 본연의 능력인 몰입의 효과다. 난독에서 정독으로 바뀌니 고질적인 단어 건너뛰기가 저절로 사라지고, 문해력 역시 빠르게 향상된다.

암기 능력

'덜컥이'란 이름의 주석부 표시 기능을 워드플레이어와 함께 사용하는 방법으로 암기력을 향상시킬 수 있다. 워드플레이어가 좌에서 우로 단어들을 차례차례 표시해나갈 때 미리 편집해둔 신출 단어나 필수 어휘들은 그 단어가 나타날 때 팝업창이 잇달아 열리며 뜻을 보여준다.

'덜컥' 하고 열린다고 해서 '덜컥이'라고 하는데 실제로 덜컥 소리가 나는 것은 아니지만 배움의 4단계 중 주의 단계를 흥분시키기에 충분하다. 이것이 나타나는 순간, 그 단어와 함께 열린 창의 뜻을 큰 소리로 읽어나가는 것이 쉐도잉 기법이다. 알다시피 쉐도잉은 영어를 배울 때 쓰는 기법이다. 동영상 플레이어와 함께 사용하는 것이 정석이지만, 워드플레이어에서도 문자가 단어 단위로 플레이되므로 모국어를 아는 한국인은 따라 읽는 데 전혀 문제가 없다. 글의 움직임을 따라잡아 낭독하면, 뇌에서 듣고 말하기 전에 낭독의 메커니즘이 더해져 시너지 효과가 나타난다. 이렇게 교재 전체를 여러 번 읽는 동안 모르는 어휘가 저절로 채워진다.

어휘 따로 문장 따로가 아니라, 어휘는 반드시 문장 속에서 뜻과 소리를 함께 익혀야 한다는 것은 이미 상식이 된 지 오래다. 어휘는 이처럼 빈 웅덩이에 물이 차오르듯 자연스럽게 채워져야 한다. 어휘를 암기하는 것과 문장을 이해하는 것과 책 전체를 이해하는 것이 따로 놀지 않고 한 번에 자연스럽게 이루어지게 할 수 있는 것이 바로 워드플레이어다.

정속독 능력

정독이 모든 단어에 눈을 맞추면서 인지해가며 읽기라면 정속독은 그 상태에서 점점 속도를 내면서 읽어나가는 것이다. 일반적으로 이를 인위적으로 눈을 굴리는 과거의 종이책 읽는 방식으로 해나가는 것은 매우 어렵고 성공할 수 없다고 알려져 있다. 설사 한다고 해도 몰입할 때 빨라지는 효과에 의지하는 정도일 것이다. 그러나 워드플레이어를 쓰면 상황이 달라진다.

워드플레이어는 가장 느린 L1(1단계 빠르기)부터 가장 빠른 L7까지 단계별로 속도를 바꿀 수 있다. 또한 속도를 미리 설정할 수도 있고 읽는 도중에 실시간으로 바꿀 수도 있게 되어 있다. 내가 지도한 학생들은 예외 없이 자신의 판단으로 스피드를 점차 높여나

갔다. 읽다 보니 단어를 알게 되고, 읽다 보니 문장을 알게 되고, 읽다 보니 장의 내용을 알게 돼 점점 호기심이 동해 더 빨리 읽어도 되겠다는 판단이 드는 것이다. 그래서 예외 없이 스피드가 저절로 높아진다. 20시간 동안 L5 이하의 속도를 못 가는 학생은 한 명도 없었다. 시작은 모두 난독 상태였는데 말이다.

L5가 어느 정도의 속도일까? 앞서 소개한 매리언 울프 교수의 디지털 시대 평균 단어 처리량 10만 단어를 기준으로 L4 이상이면 5시간 정도, L5 이상이면 4시간 이내에 처리할 수 있는 매우 빠른 독서 속도다.

주마간산走馬看山(자세히 살피지 않고 대충 보고 지나감)이 아니라 정독 상태라는 것이 중요하다. L6~7은 너무 빠르다고 하지만 자발적으로 L6으로 읽는 학생도 적지 않았으며, 오히려 그렇게 읽으면서 몰입할 때 독서 태도가 매우 진지하고 결과도 우수했다는 점을 강조하고 싶다.

반복 읽기 능력

배움의 마지막 단계인 통합의 핵심은 반복을 통해 뇌 회로를 숙련시켜 단순화하는 것이다. 인간의 문해력은 통합을 거치면서 급속도로 발전하게 되어 있는데, 이를 위해 반드시 필요한 것이 반복적인 독서다. 물론 정독이 기본이 된 상태에서 시행해야 한다. 난독 상태에서 세션을 시작한 학생들은 20시간 동안 본인들에 해당하는 교재를 정속독으로 최하 10회, 최고 17회 이상 반복해서 읽었다. 읽다 보니 그렇게 된 것이지 처음부터 횟수를 정한 것은 아니었다.

재미있는 것은 학생 모두가 예외 없이 그런 경험을 생전 처음 해봤는데 전혀 지겨워하지 않고 오히려 몰두하면서 즐겼다는 것이다. 이제 우리 모두는 그 이유를 잘 알게 되지 않았나? 무언가에 몰두하면 뇌에서 쾌락 호르몬인 도파민이 쏟아져 나온다는 사실 말이다. 이것이야말로 정상적인 책 읽기다. 즐기면서 빠르게 여러 번 읽는 학생과 억지로 힘들게 읽은 학생의 독서 직후 일어난 뇌 변화는 상상하기 어려울 정도로 차이가 난다. 반복과 몰입은 곧 메타인지를 유발하고, 메타인지는 또 다른 도파민 분비를 유도하는데 이 순환 과정이 끝없는 학업에의 갈구와 몰입으로 이끈다. 이것이 선순환이고 워드플레이어가 주도하는 책 읽기의 특징이다.

워드플레이어를 이용한 난독 치료

— ● ● ● —

워드플레이어는 정독을 기본적으로 수행하도록 유도하는 특성이 있기에 난독으로 고통받는 학생들을 교정하는 데 투입하면 매우 짧은 시간에 좋은 효과를 거둘 수 있다. 실제 사례를 5장에서 자세히 공개할 텐데, 학생과 학부모와 교사의 자각과 관찰이 우선되어야 하고 어디까지나 시선추적기를 이용한 전수 조사에서 발견되는 경우가 발단이 되어야 한다. 이때 시선추적기와 학생의 자각 증상이 중요한 참고 자료가 된다. 또한 시작하기 전 어휘 테스트를 반드시 해야 한다는 점을 지적하고 싶다. 어휘의 응용 및 사용력과는 별도로 그 뜻을 알고 있는지를 보면, 그간의 독서 정도를 한눈에 알 수 있기 때문이다. 또한 20시간 후에 단어의 숙지 정도를 다시 체크할 때 전체 내용의 이해 정도를 판단할 수 있는 근거도 된다.

워드플레이어를 사용한 20시간의 집중 치료 과정에서 학생의 변화 과정 기록 및 시간별로 작성된 본인의 상세 소감 등이 종합적으로 개선을 증명하는 참고 자료가 될 것이다. 마지막으로 교정된 이후에 다시 한번 시선추적 기록표를 통해 시선 이동의 전후 변화를 비교해보는 것이 가장 정확한 확인 방법이 아닐까 한다. 난독 치료의 원칙과 목표에서 언급했던 목표치를 얼마나 달성했는지를 집중 교육 과정 이후 항목별로 판단해보는 것도 중요하다.

교육 역사상 지금까지 이 정도로 과학적이며 객관적 증거와 과학적 과정으로 이루어진 난독 교정 시스템은 존재한 적이 없었다는 점을 다시 한번 강조한다.

워드플레이어를 활용한 어휘력 증진 훈련

— ●●● —

덜컥이와 메타쉐도잉: 어휘 익히기 및 대량 암기

앞서 설명했듯 덜컥이는 어휘를 익히기 위한 강력한 도구다. 그 사용법은 덜컥이가 활성화되는 순간 단어와 뜻을 동시에 맑고 큰 소리로 새기고 넘어가는 것이다. 일단 큰 소리로 낭독하면 그 뒤에 오는 효과는 쉐도잉과 동일하다. 다만 주의가 촉구되는 부분에서는 일반 쉐도잉보다 더 강력하므로 나중에 잇달아 시행할 방법과 합쳐 3단계의 메타쉐도잉 기법으로 정리하는데, 이 부분은 박세호의 저서 《메타쉐도잉》에서 차용했다.

먼저 큰 소리 낭독법으로 단어와 뜻을 동시에 새기는 방법을 영어 학습의 쉐도잉이라고 하자. 쉐도잉을 하고 나면 그다음 단계는 순간암기다.● 다음 내용을 알기 위해 지금 한 것을 일정 시간 동안 기억하게 되어 있는 본능인 뇌의 작업기억을 좀 더 공고히 함으로써 장기기억으로 넘기기 위한 학습 과정이다.

시행 방법은 덜컥이가 떨어질 때 해설 상자를 터치하여 일시 정지시킨 다음, 단어와 해설을 모두 큰 소리로 낭독하고 즉시 눈을 감거나 딴 곳을 쳐다보는 식으로 안 보고 한 번 더 똑같이 말하고 넘어가는 것이다. 이러기를 계속하면서 전체를 다 읽을 때까지

● 중요한 부분에 대한 설명이나 모르는 단어에 대한 설명 부분(주석 부분)을 큰 소리로 낭독한 뒤, 자신이 조금 전 했던 말을 떠올리면서 다시 암송해보는 행위. 순간적으로 암기하는 것을 말함.

한두 번 반복하다가 익숙해지면 다음 단계인 무자막 순간암기®로 넘어간다.

이것은 자기 연령에서 알아야 할 단어를 20개 중 1~2개밖에 모르는 초등 5학년 학생이 20시간 만에 다시 치른 단어 시험에서 95점을 맞게 한 방법이다. 덜컥이에 나오는 단어 해설부를 앞의 한 단어만을 제외하고 모두 지우는 '무자막 덜컥이'라는 기능이 필요하다. 무자막 덜컥이를 활성화한 다음, 이제는 내용이 빈칸으로 남아 있는데도 단어와 빈 내용의 덜컥이에 의지하여 앞서와 똑같이 단어와 해설을 큰 소리로 말하고 넘어간다.

이번에는 한 번 말하고 눈을 감고 하는 식이 아니라 그냥 단어 한 번 보고 바로 뜻을 말한다. 사실상 외워야만 할 수 있는 연습인데 지금껏 이를 통과하지 못하는 난독인을 본 적이 없다. 바로 직전의 과정들이 현재의 완성을 가져온 것이다. 과학적 안배로 성공을 담보하는 학습법이라고 할 수 있다.

만일 빈칸을 채워 암송할 수 없다면 전 단계인 순간암기로 돌아가면 그만이다. 이런 방법으로 빠르게 단어 실력을 완성해나가는데, 이것의 효과는 읽기를 포기한 학생에게 읽고 싶다는 호기심과 자신감을 크게 심어준다는 것이다. 이로부터 문장이 눈에 들어오기 시작하면 이제부터는 전체 읽기를 거듭해도 전혀 지루하지 않고 오히려 몰입하게 된다. 어휘가 우선이다.

●　　단어의 설명 없이 순간적으로 암기했던 기억을 바탕으로 그 단어에 대한 설명을 암송해보는 것.

워드플레이어와 정속독 훈련: 시선 고정 해결 및 읽기 속도의 증진

난독인의 특징 중에는 단어와 줄을 건너뛰는 것이 있는데, 그와 정반대로 시선 고정이라는 특징도 있다. 이는 시선이 아예 특정 단어에서 움직이지 않는 것을 말하는데, 단어를 이해하지 못해서인 경우도 있고 갑자기 딴생각으로 흘러서 그런 경우도 있다. 이유가 무엇이든 모두가 난독의 유형이다. 이 시선 고정 현상의 천적이 워드플레이어다. 고정될 겨를이 없이 다음 대상으로 시선이 빠르게 이동해야 하기 때문이다. 건너뛰기도 마찬가지인데, 건너뛸 수가 없이 모든 단어가 싫어도 눈에 들어와 버린다.

이렇게 두 가지 유형 모두가 자연스럽게 해결되면 남은 것은 속도뿐이다. 속도 L1~7을 거치는 동안 본인의 노력과 흥미에 따라 스피드가 자연스럽게 빨라지는데 예외는 한 명도 없었다. 필요할 때마다 이런 훈련을 하면 향상된 읽기 습관이 굳어진다. L5 이상이면 시험에 잘 써먹을 수 있는 정도여서 지문을 꼼꼼히 빨리 읽고도 시간이 남을 정속독의 수준이라고 할 만하다.

L6과 L7은 원래 L5를 자연스럽게 만들 목적으로 상대적 속도 하락 현상인 '인터체인지 효과'를 이용하기 위해 설정했는데, 의외로 이 수준에서 편안함을 느끼는 학생이 많아서 요즘은 L6까지도 이끌어주고자 노력하는 편이다. 이 정도면 매리언 울프 교수가 말한 하루 10만 단어 수준이 편안하게 처리되고, 시간이 많이 남는 수준의 독서력이라고 할 수 있다. 20시간만 훈련해도 이 수준에

수월하게 오를 수 있다. 지금까지 20시간 훈련한 학생 중에 L5 이하에서 끝난 사람은 한 명도 없었다.

워드플레이어와 메타인지 독서

집에서 할 수 있는 난독 자가 치료법 중에 메타인지 독서법이 있다. 그것이 맨눈과 종이책으로 하는 것이라면, 이것은 워드플레이어의 막강한 화력 지원을 받아가며 한다는 차이가 있다.

단어를 채워나가면서 내용을 동시에 이해한다는 점에서도 차이가 있다. 3단계로 이루어지는 것도 아니고, 몇 번 읽는지에 대한 상한선도 사실상 무의미하다. 평상시에 난독인이 하루 꼬박 걸리던 분량을 불과 20~30분 정도 만에 정속독으로 일독을 마칠 수 있기 때문이다.

중요한 것은 내용을 완전히 이해했다는 것을 표현함으로써 메타인지할 수 있어야 한다는 것이다. 방법은 다음과 같다.

1. 단어 암기는 덜컥이를 이용해 통상의 방법대로 수행한다.
2. 책 내용에 집중하며 스피드를 점차로 높여도 좋다.
3. 독서를 반복한다.

1~2단계는 단어 암기와 내용 이해라는 목표가 완료될 때까지 하고, 3단계는 전체 내용을 사전지식이 없는 제3자(예를 들면 부모님)

에게 막힘 없이 설명할 수 있을 때까지 반복하는 것이 원칙이다. 이 단계를 반복하다 보면 책을 읽는다는 것이 전혀 고통스러운 일이 아니라는 것을 깨닫게 되며, 자연스럽게 재미있는 일로 여기게 된다. 이에 대해서는 3장에서 설명한 '배움의 4단계'와 '배움의 단계마다 숨어 있는 뇌의 도파민 분비 계획'을 참고하기 바란다. 시험 점수를 높이기 위한 독서는 바람직하지 않다. 재미를 느끼면서 몰입하다 보면 실력이 향상되고, 그러면 점수는 저절로 높아진다.

워드플레이어와 낭독법

낭독의 효과에 대해서는 이미 충분히 설명했다. 워드플레이어를 이용한 낭독법은 여기에다가 자연스럽게 빨라진 스피드를 더하는 데 묘미가 있다. 박세호의 책《메타쉐도잉》에서 언급한, 이른바 영어 말하기의 크레이지 스피킹 단계를 국어에서도 당연히 경험할 수 있고 효과는 같다.

가장 만만한 것이 '시'를 암기하는 것이다. 시는 고도의 정제된 단어로 쓰이며 인간의 감정을 승화하는 문학이다. 시를 외우는 것은 국어 학습의 중요한 장르로 자리매김해야 한다. 어쩌면 시는 암송하는 것이 이해하는 것보다 더 중요할지도 모른다. 암기한 시는 일생을 통해 되새김질할 수 있으므로 성인이 되어도, 노인이 되어도 그 깊은 뜻을 음미할 수 있다.

학생들과 수업하면서 느낀 바인데, 시를 암기했을 때 의외의

감동을 받으면서 신기하다고 느껴 오래 기억하곤 하더라는 것이
다. 그 후 책을 읽는 것에 더 호기심을 가지게 됐는데, 이는 앞서
살펴봤듯이 도파민의 보상 작용이라고 할 수 있다.

'나랏말싸미'로 시작하는 《훈민정음해례본》 서문이나 〈기미
독립선언문〉. 정철의 〈관동별곡〉 같은 비교적 긴 문장의 글들 역
시 이 방법을 이용하면 단숨에 통암기하는 것도 그리 어려운 일이
아니다. 한 고등학생은 이 방법을 써서 스티브 잡스의 유명한 스탠
퍼드 연설을 며칠 만에 통암기해 교내 영어 말하기 대회에서 1등
상을 받았다.

만일 로스쿨에 다니는 사람이 있다면 법전 통암기에 도전해
보자. 다만, 이해가 먼저다. 교수의 강의가 끝난 후 이해한 부분부
터 암기를 시작하면 평생 써먹을 수 있는 장기기억으로 남을 것이
다. 이렇듯 강력한 암기법의 하나로 적극 추천하고 싶다.

가정에서 할 수 있는
난독 개선법

문해력 폭발의 핵심 3요소

2장에서 문해력을 구성하는 문자의 요소와 이를 공부하는 과정에서 필수적인 학습 요소들을 살펴봤다. 구체적인 학습 방법은 다음의 세 가지로 압축된다.

첫째는 '어휘력을 키우는 것'이다. 어휘력의 부족은 난독을 부르고, 난독은 문해력 붕괴로 가는 지름길이다.

둘째는 '정독'이다. 앞서도 강조했듯이, 바르게 읽는 것이 아니라 정교하게 읽는 것을 말한다. 한마디로 단어를 빼먹지 않고 건너뜀 없이 읽어나가는 독서법이다. 전문적인 리딩 서비스 도구의 도움을 받지 않고 실천하기가 쉽진 않지만, 맨눈으로 부딪쳐보려

한다면 이 점을 염두에 두고 꼼꼼히 읽어나가는 데 더 주의를 기울이는 수밖에 없다.

셋째는 '깊이 읽기'와 '반복 읽기'다. 메타인지를 염두에 두고 한 권을 여러 번 독파해나가는 방법이다. 이 또한 속도가 뒷받침되어야 하지만, 끈기를 가지고 실천하면 회를 거듭할수록 미리 짐작한 것과는 다른 독서의 경지를 맛볼 수 있다. 종이책을 가지고 난독을 개선하는 네 가지 방법을 소개한다.

마법의 단어장으로 어휘력 늘리는 법

1장에서 살펴봤듯이 문해력 붕괴의 주범은 어휘 부족과 건너뛰며 읽기, 이 두 가지가 대표적이다. 건너뛰고 말 것도 없이 아예 문장 이해에 들어갈 수도 없는 상태가 어휘력 부족이다. 연령별로 필요한 단어를 빠른 시간에 채우는 전문적인 방법이 이미 존재하지만, 모든 사람에게 기회가 돌아가는 상황은 아니므로 우선 가정에서 할 수 있는 방법을 소개한다.

먼저 형광펜을 사서 모르는 단어를 모조리 하이라이트한다. 그런 다음 네이버나 구글 또는 국어사전에서 뜻풀이를 일일이 찾아 하이라이트 아래 행간에 꼼꼼히 써넣는다. 이때 붉은색 볼펜을 쓴다. 문방구에서 책 페이지를 가릴 정도의 붉은색 셀로판지를 사서 베이지 않도록 모서리를 둥글게 도려낸 다음, 읽고자 하는 페이지를 덮는다. 그러면 책 내용은 잘 보이지만 하이라이트 아래에 써놓은 단어 해설은 감쪽같이 지워진 것처럼 안 보인다. 일종의 착시 현상을 이용하는 것인데, 수십 년 전부터 유행하던 놀이에서 빌려온 방법이다.

1. 첫 번째 읽을 때(1독)는 하이라이트와 단어 해설 숙제를 한다.
2. 두 번째 읽을 때(2독)는 붉은색 셀로판지를 대지 않고 하이라이트한 단어와 뜻을 큰 소리로 읽어가며 책을 읽는다. 내용이 한결 더 잘 들어올 것이다.
3. 세 번째 읽을 때(3독)는 만약 자신이 있다면 셀로판지를 덮어가며 읽는다.

　하이라이트한 단어가 보이면 뜻을 안 보고 말하고, 모르겠으면 치우고 참조하는 방식으로 다 알 때까지 여러 번 읽어야 한다. 책 내용과 단어의 뜻을 모두 알게 될 때까지 메타인지 독讀을 하는 것이다.

큰 소리 낭독법

자녀가 어릴 때 가정에서 난독 현상을 예방하고 난독 현상을 실질적으로 해결할 수 있는 현실적인 학습법은 큰 소리 낭독법이다. 방법은 단순하다. 처음부터 끝까지 되도록 크고 또렷하게 책을 소리 내어 낭독하는 것이 전부다.

너무 쉬운 것 같지만 막상 실천하기는 만만치 않다. 눈으로도 안 읽으려 하는 아이를 말로 읽게 하는 게 쉬운 일은 아니겠지만, 일단 시작만 하면 난독 현상을 비교적 단시일에 상당히 개선할 수 있다는 점을 보장한다. 만일 낭독 자체를 제대로 할 수 없는 경우라면 그 학생은 난독이 아니라 정신과 영역인 난독증을 의심해봐야 한다.

메타인지 3독법에 근거하고 어휘력 증진용 단어장과 결합해도 좋다. 이것들은 서로 방해되는 개념이 아니고 각각의 효과를 발휘할 뿐 아니라 서로 합쳐져 더 큰 시너지를 발휘하는 좋은 방법들이다.

큰 소리 낭독법의 과학적 근거

낭독은 모든 글자를 읽게 해주며, 소리가 확실한 자극이 되어 단어의 뜻을 몰라도 그 소리만큼은 기억할 수 있게 한다.

3장에서 살펴봤듯이, 우리가 글을 읽을 때는 글자의 생김새를 파악하는 후두엽과 그 의미를 파악하는 문자상자가 동시에 작동한다. 이후 단어의 소리에 대한 정보는 듣기 중추인 베르니케로 넘기고 브로카 영역에서 발음을 생성한 후, 이를 직접적으로 발화하는 영역인 제1 운동 영역으로 옮겨 대뇌 안에서 소리를 발출하게 된다. 이런 메커니즘에 따라 단어를 읽기만 했는데도 단어의 뜻(문자상자), 단어의 생김새(각회), 단어의 소리(베르니케와 브로카)까지 거의 동시에 활성화된다.

거기에 낭독이 더해지면 자신의 목소리가 베르니케와 브로카를 또다시 활성화해 글을 읽을 때의 자극과 낭독의 자극이 중첩되어 시너지 효과를 일으킨다. 조선 시대 유생들이 글을 읽는다는 것은 '글 읽는 소리'라는 말처럼 당연히 낭독을 의미하는 것이었다. 중세 유럽에서 라틴어를 배울 때도 왜 글을 소리 내어 읽으면서 배웠는지에 대한 과학적 근거를 발견할 수 있다.

또한 자신에게 가장 익숙한 소리는 바로 자신의 목소리다. 이는 3장에서 언급했던 고막 긴장근이 자신의 목소리에 초점이 맞춰져 있다는 사실에 근거하는 것이고, 읽는 것을 따라 한 번 더 읽어주는 자신의 목소리가 가장 효과적인 자극이 된다는 이론에 근거하는 효과적인 방법이다.

낭독 자체가 기억력 증대를 가져올 수 있다는 과학적인 근거

2011년, MBC의 〈우리 아이 뇌를 깨우는 101가지 비밀〉이라는 프로그램에서 낭독이 주는 효과를 소개한 적이 있다. 제작진이 초등학교 5학년 16명을 대상으로 낭독팀과 묵독팀으로 나누어 독서 테스트를 진행했는데, 낭독팀의 점수가 묵독팀보다 평균 14점(100점 만점) 이상 높게 나왔다.●

캐나다 워털루대학교 심리학과 학장인 콜린 맥레오드Colin MacLeod 교수 역시 "낭독speaking text aloud은 단어를 장기기억으로 만든다"라며 낭독의 중요성을 역설했다.●● 맥레오드 교수는 낭독을 통해서 오는 기억력 증대를 생산 효과라고 명명하고, 이에 대한 연구를 진행 중이다. 그는 글의 형태나 뜻과 상관없이 이 생산 효과는 (글을 배우는) 초등학교 저학년(7세부터 10세 아동)부터 폭발적인 현상으로 나타나며, 성인 역시 그 효과가 상당하다고 강조한다.

낭독은 비단 장기기억뿐만 아니라 단기기억 발달에도 큰 영향을 미친다. 최근 낭독이 가져오는 작업기억 증대 효과가 외국어를 배울 때도 효과적이라는 흥미로운 연구결과가 발표됐다.●●● 닌텐도DS의 '매일 매일 DS 두뇌 트레이닝'의 핵심 감수자로 알려져 있으며, 일본에서 기억력 발달 연구를 선도하는 도호쿠대학교

●   http://enews.imbc.com/News/RetrieveNewsInfo/48844
●●   Bodner, G. E., & MacLeod, C. M. (2016b, June), "The Benefits of Studying by Production ⋯ and of Studying Production: Introduction to the Special Issue on the Production Effect in Memory", Canadian Journal of Experimental Psychology/Revue Canadienne De Psychologie Expérimentale, 70(2), 89-92. https://doi.org/10.1037/cep0000094
●●●   Nouchi, R., Hoshikawa, Y., Noda, M., Okada, Y., & Kawashima, R. (2018, March 28), "The Beneficial Effects of Cognitive Training With Simple Calculation and Reading Aloud (SCRA) in the Elderly Postoperative Population: A Pilot Randomized Controlled Trial", Frontiers in Aging Neuroscience, 10. https://doi.org/10.3389/fnagi.2018.00068

미래과학기술 공동 연구 센터 가와시마 류타川島隆太 교수가 그 주인공이다.

류타 교수와 그의 팀은 낭독, 쉐도잉(듣고 따라 하기), 속청(빨리 듣기), 일반 듣기가 외국어 습득 관련 작업(단기)기억력 증대에 어떤 결과를 낳는지에 대한 실험을 진행했다. 연구팀은 학습자들을 낭독팀, 쉐도잉팀, 속청팀, 일반 듣기팀 등 네 그 그룹에 무작위로 배정하여 4주 동안 하루에 약 1시간(총 28시간) 집중 영어 트레이닝을 하고 결과를 분석했다. 그 결과 작업기억력을 측정하는 대표적인 실험인 숫자 외우기 테스트digit span test에서 쉐도잉 그룹의 작업기억력이 100% 이상 가장 많이 올랐고, 낭독 그룹은 약 50%, 속청 그룹은 약 20% 미만 성장했다.

독서 시 줄바꿈 부분을 건너뛰지 않는 연습

정독은 모든 단어에 눈을 마주치는 것이고, 난독의 한 원인이 정독을 못 하는 것이라는 점은 이미 잘 알고 있을 것이다. 단어 건너뛰기를 방지하기 위해 좀 번거롭지만 확실한 효과를 볼 수 있는 한 가지 방법을 소개한다. 물론 가장 확실한 방법은 책 전체를 낭독하는 것인데, 대부분 난독인의 특징 중 하나가 소리 내어 읽기를 싫어한다는 것이므로 이 방법은 쓸 수가 없다.

그렇다면 낭독하지 않고 그냥 읽는 것인데 이를 또 묵독이라고 부르면 안 된다. 묵독이 베르니케와 브로카가 만들어내는 뇌내에서의 소리 발출 현상까지 지우려고 노력하는 잘못된 독서법을 뜻하기도 하기 때문에 내가 좋아하지 않는 용어라서다.

방법은 형광펜을 가지고 책의 오른쪽 마지막 단어를 한 줄도 빠뜨리지 말고 칠하면서 읽는 것이다. 1독 때는 모든 줄의 마지막 단어를 칠하면서 읽는다. 2독 때는 칠한 것을 빠뜨리지 않고 읽으려 노력하면서 읽는다. 3독 때는 이제 내용을 어느 정도 파악했으므로 자연스럽게 읽되, 여전히 마지막 하이라이트를 의식하면서 읽는다. 이렇게 하면 확실히 건너뜀이 줄어들고, 계속하면 마침내 건너뛰는 일이 없어질 것이다.

메타인지 3독법

● ● ●

종이책을 활용해 메타인지 독서를 하는 방법을 소개하겠다. 제대로 실천한다면 한 권의 책만으로 메타인지에 이르는 길을 찾을 수 있다.

첫 번째 완독(1독)

처음부터 끝까지 읽되 모르는 단어와 흥미로운 부분에 밑줄을 치거나 형광펜으로 표시한다. 모르는 단어는 반드시 사전을 찾아서 뜻을 작게 기록해가면서, 단어 한 번 낭독하고 뜻을 한 번 낭독하는 방법으로 익혀나가는 것이 포인트다.

두 번째 완독(2독)

처음부터 다시 읽되 모르는 단어를 찾아둔 것에 집중하면서 전체 내용과 버무려 책의 내용을 완전히 이해하는 것을 목표로 한다. 이 과정에서는 모르는 문장이 있으면 새로 밑줄을 친 다음, 알게 될 때까지 주변에 물어보든지 해서 반드시 모르는 것이 없게 하는 것이 포인트다.

세 번째 완독(3독)

다시 처음부터 읽는다. 책 내용에 깊이 빠져드는 재미를 느끼는 것을 1차 목표로 한 번, 남에게 책의 내용 및 내가 느낀 감동을 말로 전달해주는 것을 목표로 또 한 번, 전체 줄거리를 생각하면서 밑줄을 치지 않은 부분에도 신경을 써가며 읽는다.

세 번이란 고대로부터 완성을 뜻하고 여러 번을 뜻하기도 하는 말이다. 물론 자신의 기존 독서량에 따라 정말 세 번으로 끝날 수도 있다. 그러나 목표를 생각하라. 1독, 2독을 실천했다면 3독을 넘어서 4독, 5독이라도 지겹거나 어렵지 않은 것이 정상이다. 책을 읽는 기쁨을 느끼게 됐을 테니까. 물론 애초에 그 정도 정성을 기울일 가치가 있는 책을 선택해야 한다(5장에 초·중·고 수준별 추천 도서를 제시해두었는데, 이를 참고해도 좋다).

충분하다고 느꼈지만 남에게 내용을 말하다가 말문이 막힌다면, 사실 그 부분을 잘 모르는 채로 넘어간 것이다. 막히면 그 부분을 해결하고 처음부터 끝까지 술술 말할 수 있을 때 끝내는 것이 원칙이다. 남에게 그 내용을 말해주지 못한다면 이해하지 못하고 있다는 증거이기 때문이다. 마음 단단히 먹고 한 번만 제대로 실천한다면 글에서 미처 설명하지 못한 부분까지 다 이해하게 되리라고 보장한다.

5장

20시간
난독 치료의 기적

내가 워드플레이어해
고 미리 대비하기 위해
를 만들어낼 수 있는
내심 염려스러웠다. 그리하
겠다. 내 염려의 핵심은 '디지털
다. 그런데 누가 그걸 일일이다 읽
보가 홍수처럼 쏟아져 나오겠지만, 정작
면면히 이어져 온 인류사의 발전이 어
중 어릴 때 받았던 독서 훈련이 떠올랐
데, 그 훈련 덕에 글을 꼼꼼히 읽는 습관이
면 어떨까 하는 생각이 들었다. 디지털 문서
로 눈은 가만히 있고 글자가 움직여 눈이 수동적
먹거나 줄을 건너뛰는 일은 방지할 수 있지 해서 탄생한 것이 '단어가 동영상처럼 움직이는
워드플레이어'다. 워드플레이어는 디지털 문서 석과 정독精讀(정교하게 읽기), 나아가 정속독精速讀(정
교하고 빠르게 읽음)을 할 수 있도록 고안된 발명품이다. 하지만 당시는 지금만큼 문해력 붕괴 문제가
심각하게 대두하지 않아서 일반인은 물론 정부조 필요성을 제대로 느끼지 못했다. 나는 그런 현
실을 아랑곳하지 않고 한컴과 접촉하여 아래아 한글에 기능을 심으려는 무모한 도전을 감행했고,
숱한 시행착오 속에 무려 6년이라는 시간을 보냈다 그리고 마침내 실질적인 성과를 거뒀으며, 이 책
은 그간의 연구 결과를 정리한 일종의 보프롤로그 발전의 걸림돌 난독, 해법은 분명히 있다.

난독의 시대를 예견하
를 사용해 누구나 문서
만들어낼 문서의 홍수가
면 예견이고 대비일 수도 있
를 모니터에서 읽고 처리해야 한
업혁명의 도래와 함께 온갖 정
하게 활용할 수 있겠는가. 자칫하면
것 있으리라는 생각마저 들었다. 그러던
단어에 맞추어 빠르게 굴리는 방법이었는
입한다. 이 방법을 현재 상황에 적용해보
하고 있으니 어렸을 적 훈련 방법과 반대
게 하는 개념은 어떻까? 그러면 단어를 빼

청소년기의 난독이
인성에 미치는 영향에 대해

앞서 잠깐 언급했듯이, 지인 중 교장 선생님이 있는데 그분은 '모든 청소년 비행의 근본 원인은 난독'이라고 이야기하곤 했다. 물론 청소년 비행의 원인이 어디 난독 하나뿐이겠는가만, 그 말에 충분히 공감이 갔다. 가정환경 등도 중요한 원인이긴 하지만, 그런 환경을 극복한 예도 많기 때문이다. 어떤 원인이 있다고 해도 이를 극복할 힘이 내면에서 일어나야 하는데, 가정이나 학교에서 인성을 배양하는 교육의 비중이 날로 줄어들고 학생들도 교사들의 권위를 점차 인정하지 않게 됐다. 그렇다면 어떤 계기로 생각을 다잡고 바람직한 인생관을 정립할 수 있을까?

결국 스스로 찾아야만 한다면, 결론은 책일 수밖에 없다. 그런데 짧은 글과 빈약한 어휘를 나열하며 자극적인 그림에 의존하는 만화나 백날 읽어도 문해력 향상에 도움이 되지 않는 웹 소설류나 자극적인 판타지류의 동화들 속에서 현실 사회에 적응하고 올바로 살아갈 수 있는 지혜를 찾는다는 것은 연목구어緣木求魚(도저히 불가능한 일을 굳이 하려 함) 버금가는 망상이다.

초등학생을 포함하여 청소년기에 겪는 난독 현상은 많든 적든 인성에 부정적인 영향을 미친다. 여기에 초등학교 5학년 남학생과 중학교 2학년 남학생의 사례가 있다. 본래 괜찮은 지능을 가졌으나 어떤 이유로 만화와 판타지 동화에 빠져 자기만의 세계를 형성했고, 학원 선생님들에게도 도무지 어디서부터 바로잡아야 할지 모르겠다는 말을 듣게 된 학생들이다. 이 학생들의 캐릭터가 연극에 나오는 것처럼 대조적이고 개성적이어서 편의상 '토끼'와 '거북이'로 부르기로 한다. 이 두 학생이 20시간의 난독 개선 훈련을 통해 어떤 변화를 경험했는지 소개한다.

또한 다른 과목은 성적이 좋은데도 국어 수능 등급이 낮았던 고1 학생의 사례도 소개한다. 이 학생은 총 10회차의 훈련을 통해 L1에서 시작된 읽기 속도를 L7까지 높여가면서 단어를 건너뛰거나 대충대충 읽던 문제를 극복했다. 어휘력이 부족하다는 점을 자각하고 있던 이 학생은 진지한 자세로 훈련에 임했고, 그래서 좋은 결과를 얻었다.

거북이라는 별명을 가진
초등학교 5학년 학생의 난독 탈출기

일지를 통해 되돌아보는 난독 탈출 과정

먼저 거북이라고 이름 붙인 초등학생의 사례다. 이 학생은 겉보기에 매사 의욕이 없고 선생님의 가르침에 순응하지 않을 뿐 아니라 또래 학생보다 책을 읽는 속도가 매우 느리고 만화나 판타지 동화가 아니면 거들떠보지도 않았다. 그런 평소 습관이 어느새 인성에까지 영향을 미쳐 어두운 성격으로 굳어지려 하던 참에 나를 만난 것이다.

얌전해 보이는 외향이지만 자기가 좋아하지 않는 장르의 책, 즉 인문 교양 도서 같은 것을 읽게 하면 본색이 드러나곤 했다. 머리를 쥐어뜯는다든지 교사의 질문에 무조건 부정부터 하고 본다든지 수업에 전혀 집중할 생각이 없다는 것을 노골적으로 드러낸다든지 함으로써 스스로 강한 껍질을 뒤집어쓰고 자기만의 세계에 깊숙이 숨어들어 가는 식이었다.

본인이 거북이라는 것을 잘 알고 있으면서도 다른 학생들의 수준에 전혀 관심이 없었고, 왜 공부를 해야 하는지 또는 왜 지식이 필요한지 등의 설명에 전혀 공감하지 못했다. 그래서 처음에는 이 학생을 어떻게 지도해야 하나 막막하기만 했다.

📅 제1일 차

▶ 학생 소감 일지

7 19   1. 30분간소리낭독 P.29
       2. 니부터 처음 - 49 P.

(수업에 대한 극단적 거부감의 표현으로 첫날 소감 자체를 기록하지 않음.)

▶ 교사 코멘트

겉보기에는 조용하고 얌전한 듯하지만 국어 공부를 하는 것 자체를 싫어함. 워드플레이어를 적용하자 '뭐 이런 것을 가지고 나를 가르치려 하느냐'라는 식의 반응을 보여 어떻게 지도해야 할지 막막하기도 했음. 읽기 속도는 완전 바닥 상태. 가장 낮은 스피드도 따라오지 못하는 수준. 일단 L1 스피드에 적응할 수 있도록 지도하는 것을 목표로 함.

📅 제2일 차

▶ 학생 소감 일지

7/10 1. 처음부터 + 까지 책 읽으면서 모르는 단어가 많음 출몰리 힘들다 힘들다 힘들다 힘든다
치게 장

힘들다 힘들다 힘들다 힘들다 힘들다

▶ 교사 코멘트

학생이 적응할 수 있도록 어제에 이어 종이책을 계속 읽게 함. 다음 수업 때 어휘 테스트를 하기로 하고, 책에서 모르는 단어를 찾아 밑줄을 쳐가며 읽도록 지도함. 이 학생이 이토록 거부반응을 보이는 것은 아마도 그동안 읽은 만화와 판타지 동화의 영향인 것으로 추정됨. 왜냐하면 이들은 모두 일정한 어휘들로만 제한되어 있으며, 현실이나 교과서와는 동떨어진 어휘와 문장들로 구성되어 있기 때문. 게다가 현실 부정적인 내용이어서 이 학생에게 결코 도움이 되지 않음. 또래와 함께 수업에 참여했더라면 진입에 거부감이 덜했을 것.

📅 제3일 차

▶ 학생 소감 일지

7/11 1차 어휘즉 test 12/100
책 ½부분까지 1시간
WP L2. 도넛에 맛있다. 짱 뽐뿌 + 짜선면 + 탕수육大자도 출겠감다 그리고 재미인 었다

도넛이 맛있다. 짬뽕 + 짜장면 + 탕수육 대자도 좋을 것 같다. 그리고 재미있었다.

12/100

초등학교 고학년 어휘 테스트 1

이름: _■■■_ _ _ _ _ _ _ _ _ _

점수: _ _ _ _ / 20

1. 행장: 몸 가짐과 품행

2. 이엉: 초가집 지붕이나 담을 이어지게 하기 위한 짚이나 억새 따위.

3. 원단: 비단 모든 옷의 원료가 되는 천.

4. 곧이곧대로: 있는 그대로 조금도 거짓없이

5. 여염집: 집 일반 백성의 살림집.

6. 변두리: 무엇인가의 끝 둘레 어떤 지역의 가장자리.

7. 견문: 보고 듣다 보거나 들어서 얻은 지식.

8. 그릇된: 다된 잘못된.

9. 겨를: 틈

10. 휘둘리다: 흔들리다.

11. 읊조리다: 내 입버릇 낮은 목소리로 시를 읽기.

12. 잦아들다: 조금씩 작아지다 잠잠해지다

13. 다잡다 : 다시 잡다 단단히 잡다

14. 숙소 : 빌리는 집 잠시 빌리는 곳.

(15.) 더미 : 건초 따위가 쌓여있는 것   많은 물건이 한데 모여 쌓인 큰 덩어리.

16. 두엄 : 풀, 짚, 또는 가축의 배설물 썩혀서 만든 거름.

17. 어물쩍 : 말이나 행동을 적당히 살짝 넘기며

(18.) 야속하다 : 믿고 났는 것   섭섭하다

19. 운치 : 운 고상하고 우아한 멋.

(20.) 호탕하게 : 큰 소리로 호기롭고 걸걸하게

▶ 교사 코멘트

어휘 테스트에서 20문제 중 2개 반 맞음(12/100). 자기가 방금 읽은 책에서 발췌한 단어들인데 점수가 이렇게 낮게 나왔다는 것에 꽤 충격을 받은 눈치.

　1시간 만에 책을 끝까지 읽고 밑줄 치기를 마쳐서 읽기를 시작함. 처음에 읽었던 좀 익숙한 내용이 나오면서 거부감이 사라지자 곧바로 L2로 올라섰음(읽는 속도가 한 단계 더 빨라짐). 꽤 빠른 적응을 보임. 칭찬을 했더니 내용에 몰입하며 재밌다고 이야기함. 처음으로 긍정적 반응이 나왔음.

📅 제4일 차

▶ 학생 소감 일지

7/22 ㉤ WP로 처음 1독 *힘들고 재미있다*
전체가 포함.

힘들고 재미있다.

▶ 교사 코멘트

지난번 어휘 때문에 적잖이 충격을 받았는데, 그 어휘 문제를 해결해줄 단어 덜 컥이를 만들어 단어 공부를 집중적으로 할 수 있게 해주자 바로 흥미를 보이며 열심히 함.

　이제 본격적으로 책을 처음부터 끝까지 제대로 읽게 됨. 1~3회차까지 총 6시간 동안 1회 완독하던 것을 이제는 1회 완독하는 데 2시간으로 시간이 3배 단축됨. 이 책은 지금까지 읽었던 책들과는 내용이나 양적인 면에서 자칫 지루할 수 있을 텐데도 끝까지 잘 버티고 있음. 그만큼 인내력이 생겼다고 판단함. 현재 L2로 읽고 있으며, L3으로 목표를 높일 계획.

📅 제5일 차

▶ 학생 소감 일지

7/23 ㉦ 전체가 포함 단어 아웃 *53에서 54로쯤 읽었는데 읽을만했다* / *느리게 빠르게* *균반느게*
를 모두 읽음 *느리게와 빠르게 중 빠르게가 편하다 / 읽고 해 가 재미있다*
이④로 스스로 몰려읽음

L3에서 L4로 읽었는데 읽을 만했다. 느리게와 빠르게 중 빠르게가 편하다. 입

과 혀가 재미있다.

▶ 교사 코멘트

4일 차 목표였던 L3으로 시작함. 1시간이 지난 뒤 자연스럽게 스스로 L4로 읽기를 원해서 허락했고, 곧 익숙해짐. 예상보다 빠르게 발전하고 있음. 모르는 단어의 설명 또는 주석 부분(단어 설명부)을 소리 내어 읽게 하는 과정에서 낭독의 재미를 느끼기 시작함. '입과 혀가 재미있다'라고 소감을 씀. 드디어 빠르게 읽을 때 내용이 더 잘 들어오고 재미가 있다는 것을 깨닫기 시작한 것으로 보임. 평소 잘 읽지 못하던 교양책에서도 만화책이나 판타지 동화를 읽을 때처럼 내용에 집중할 수 있는 재미 요소를 발견한 것으로 해석할 수 있음.

📅 제6일 차

▶ 학생 소감 일지

7/29 L4 "순간암기 시작" 입과 귀가 힘들고 눈도 아프고 ~~순간암기가~~ ~~~~ 어렵다
송암1독. 6L5로 <순간암기는 한권의 값 2번 말했기 때문에>

입과 귀가 힘들고 눈도 아프고 순간암기가 어렵다.

▶ 교사 코멘트

새로운 것이 나올 때마다 이런 일은 반복되지만, 워드플레이어(이 학습 과정)는 절차와 과정으로 결과를 만들어내는 것이기 때문에 단계가 달라지면서 소감도 달라질 것으로 기대함. 처음 해보는 순간암기에 적응하는 시간인데, 주석을 읽

는 속도가 빨라지고 소리도 낭랑해짐. 주석의 내용이 길 때도 처음에는 걱정하다가 이내 핵심만 추려서 암기하는 능력이 생김. 끝날 때쯤 스스로 L5로 올릴 만큼 실력이 향상됨.

📅 제7일 차

▶ 학생 소감 일지

> 7/30 L5-순간암기 1독. '전후일람기(시)' 시를외웠다 AND 입과 혀가 안 힘드었다 뭐르는게 많았다 AND L5가 편안

시를 외웠다. AND 입과 혀가 안 힘들었다. (시에 대해 선생님께서) 뭘 묻는 게 많았다. AND L5가 편안.

▶ 교사 코멘트

소감의 첫 문장이 '시를 외웠다'인 것을 보면 시 암송이 몹시 신기한 경험이었던 듯. 순간암기에 완전히 적응하여 독서 속도가 비약적으로 발전함. L5가 편안해질 정도. 심지어 어떨 때는 너무 느리게 느껴지기도 한다는데, 이런 실력과 감정 분위기를 계속 유지할 수 있느냐가 관건이라고 판단함.

📅 제8일 차

▶ 학생 소감 일지

> 7/31 L5. 무작약 순간암기. <1-9까지>. 무작약 순간 암기 다시는 하고 싶지 않음

무자막 순간암기 다시는 하고 싶지 않다.

▶ 교사 코멘트

무자막 순간암기에 충격을 받은 듯. 하지만 한 번 해보니 할 만하다고 함. 상당히 많은 부분을 기억해냄. 이 과정이 한 번도 안 해본 것이고 본인의 노력을 요구하기 때문에 거부감을 불러일으킬 수도 있지만 지금까지 했던 것처럼 곧 극복할 것으로 봄.

🗓 제9일 차

▶ 학생 소감 일지

단어 시험에서 95점을 맞아서 기분이 좋았다.

_95_

초등학교 고학년 어휘 테스트 2

이름: ████ _____

점수: 95 / 20

1. 투박: ~~꼭~~ 못생긴

2. 낭랑하다: 소리가 맑고 청랑했다.

3. 칠흑: 옷색

4. 스스럼: 부끄러운

5. 너끈하다: 불쾌감없이

6. 야경꾼: ~~화재나 범죄~~ 밤의 경찰

7. 봉변: 뜻밖에 안 좋은 일을 겪다

8. 달싹이다: ~~가볍게~~ 가볍게 ~~가뜩~~ 들썩다 놀이다

9. 필담: 글로 ~~으으~~ 묻고 답하는 것

10. 골동품상: 오래 된 물건을 사고 파는 ~~★~~ 사람

11. 곱씹다: 다시 되풀어 생각해봄

12. 곤란: 이런일에 안 좋은 걸 생긴

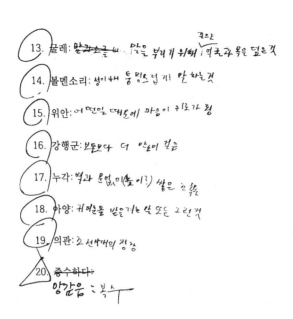

13. 물레: 말과 소를 ... 많을 부리기 위해 (거의) 억측과 욕을 덮은 것

14. 볼멘소리: 성이 나 퉁명스럽게 말하는 것

15. 위안: 어떤 일 때문에 마음이 치료가 됨

16. 강행군: 보통보다 더 많이 걸음

17. 누각: 벽과 문 없이 (돌 이기) 쌓은 건축물

18. 아양: 귀여움을 받으려는 말 또는 그런 것

19. 의관: 조선시대의 정장

20. 중수하다:
    앙갚음 = 복수

▶ 교사 코멘트

무자막 순간암기에 완전히 적응함. 준비되면 시험을 보겠다고 했더니 잠시 후 자신 있게 시험에 임했고 거의 만점을 맞음. 본인의 점수에 상당히 만족스러워 하며 자존감이 뿜뿜 솟아남.

📅 제10일 차

▶ 학생 소감 일지

8/2 남규제 시각운동의 개념. 끝나서 기분이 좋다.

끝나서 기분이 좋다.

▶ 교사 코멘트

이제는 책 한 권을 다 읽는 데 20분 걸림. 모르는 단어 밑줄 치는 데만 6시간이 걸리던 첫날과 비교하면 금석지감이 느껴짐. 책 내용을 이미 다 알고 있기에 현재의 충분히 빠른 독서 속도를 안정화하는 데 주력하고자 함.

이 학생은 이제 6학년 필독서를 어떤 것이든 차분하게 빨리 여러 번(세 번 이상) 읽어서 그 내용을 엄마에게 들려줄 정도의 능력을 갖췄음. 따라서 앞으로는 만화나 웹툰, 판타지 동화들을 지양하고 양서를 읽고 음미할 수 있도록 부모님의 지속적인 관심이 필요함.

이 학생은 평소 게으른 거북이의 이미지로 자신을 보호하려는 경향이 있었지만, 본인의 능력을 스스로 깨닫게 해주는 것이 당초의 독서 지도 목표였음. 이제는 스스로 양심과 규범을 익혀갈 수 있는 고전들을 읽어나간다면 본래의 총명함이 밝게 빛날 수 있으리라고 기대함.

난독 치료 전후 시선추적 결과 비교(시간제한 50초)

▶ 시선추적 결과(독서지도학습 이전) ◀

▶ 시선추적 결과(독서지도학습 이후) ◀

처음에는 어려운 단어에 집착하느라 독서 속도가 매우 느렸으나, 지도 후 상당히 빨라졌음을 확인할 수 있다.

초등학교 5~6학년을 위한 추천 도서

- 어린이를 위한 시크릿 | 김현태, 윤태익 | 살림어린이
- 하늘과 바람과 별과 시 | 윤동주 | 더스토리
- 여행자를 위한 나의 문화유산 답사기 | 유홍준 | 창비
- 지켜라! 멸종 위기의 동식물 | 백은영 | 도서출판 뭉치
- 바람 소리 물소리 자연을 닮은 우리 악기 | 청동말굽 | 문학동네
- 색깔 속에 숨은 세상 이야기 | 박영란, 최유성 | 아이세움
- 속담 하나 이야기 하나 | 임덕연 | 도서출판 산하
- 조선 왕실의 보물 의궤 | 유지현 | 토토북
- 불패의 신화가 된 명장 이순신 | 이강엽 | 웅진씽크빅
- 아버지의 편지 | 정약용 | 함께읽는책
- 어린이 문화재 박물관2 | 문화재청 | 사계절
- 전통 속에 살아 숨쉬는 첨단 과학 이야기 | 윤용현 | 교학사
- 파브르 식물 이야기 | 장 앙리 파브르 | 사계절
- 한자돌이 | 이종철 | 보림
- 장복이 창대와 함께하는 열하일기 | 박지원 원작, 강민경 글 | 한국고전번역원
- 모모 | 미카엘 엔데 | 비룡소
- 끝없는 이야기 | 미카엘 엔데 | 비룡소
- 처음 읽는 삼국지 | 나관중 원작, 홍종의 엮음 | 하늘을나는교실
- 세종대왕이 들려주는 훈민정음 | 조채린 | 세상모든책
- 해리포터 시리즈 | 조앤 k 롤링 | 문학수첩

토끼라는 별명을 가진
중학교 2학년 학생의 난독 탈출기

일지를 통해 되돌아보는 난독 탈출 과정

앞서 소개한 거북이라는 별명의 학생과는 대조적으로, 성질이 급하고 덤벙대는 토끼 이미지여서 토끼라고 부르기로 한다. 책을 한 권이라도 처음부터 끝까지 읽는다는 것을 상상도 해본 적이 없었고, 재미없다고 생각하면 수업 빼먹기를 밥 먹듯 하며, 게임을 굉장히 좋아하고 잘하던 학생이었다.

▦ 제1일 차

▶ 학생 소감 일지

7/9 『손수레낭독소. ※.w.p L3?~끝. 집중려러 느려하서 좋았고 집중하다가 어서 러웠다.

집중력이 느는 거 같아서 좋았고, 집중하다가 어지러웠다.

▶ 교사 코멘트

소감에서 보다시피 이 학생은 스스로 시인할 정도로 집중력이 약했음. 초반에는 낭독을 시키고 나머지는 워드플레이어로 읽게 함.

2시간 동안 어쨌든 중2 2학기 국어 교과서 한 권을 본문 기준 처음부터 끝까지 읽게 했더니 이런 일은 처음이라며 약간 어지럽다고 말함. 그러나 예후는 확실히 긍정적임. 모든 단어에 눈이 마주치면 내용을 확실하게 받아들일 수 있지만, 2시간 동안 끝까지 집중하도록 지도하는 것이 관건이라고 판단됨. 몇 분이나 집중할 수 있는지, 그 시간을 늘려나가는 작업이 필요함.

독서 속도는 처음부터 L3이었는데 이 정도면 굉장히 빠른 편임. 그러나 학원의 지도교사에 따르면 건너뛰어 읽는 습관이 있고 덤벙대는 문제가 있다고 함. 게임에 길든 눈이기 때문에 일단 느린 것을 못 참고 빠르게 움직이는 것으로 추정됨. 따라서 차근차근 침착하게 집중하게 하는 것이 관건이므로, 인위적으로 속도를 높이기보다는 본인의 흥미에 맞게 독서 속도를 조절하도록 지도해야 할 것으로 보임.

🗒 제2일 차

▶ 학생 소감 일지

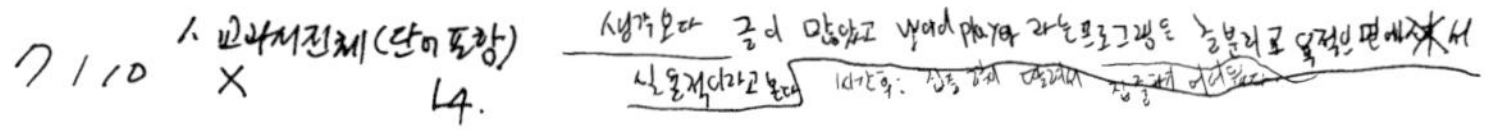

[handwritten notes]

생각보다 글이 많았고 워드플레이어라는 프로그램은 교육적인 면에서 충분히 실용적이라고 본다. 1시간 후, 집중력이 달려서 집중하기 어려웠다.

▶ 교사 코멘트

이 학생은 자신의 문제점을 잘 파악하고 있음. 글자가 나타나는 모습이 맨눈으로 종이책을 대할 때와는 또 다른 재미가 있어서인지 처음 1시간 정도는 잘 버텼는데, 그 후부터는 고통에 가까운 지루함을 호소함. 가까이서 관찰하다가 학생이 한계에 이른 것 같으면 5분 정도 책상에 엎드려 쉬게 함. 그러고 나면 또 얼마간은 거짓말처럼 몰입함. 괄목할 만한 점은 시간 내에 교과서를 전체 한 번 다 읽었다는 것인데, 태어나서 처음 해보는 독서 경험이었다고 함.

🗒 제3일 차

▶ 학생 소감 일지

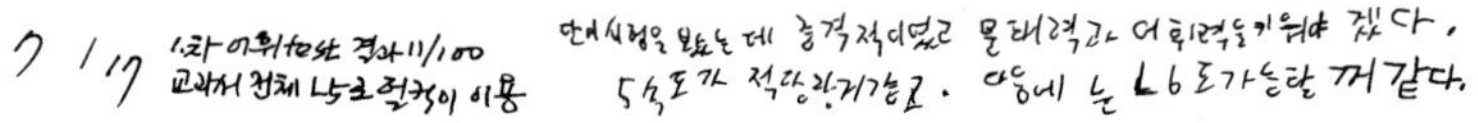

[handwritten notes]

단어 시험을 봤는데 충격적이었고, 문해력과 어휘력을 키워야겠다. L5가 적당한 것 같고, 다음에는 L6도 가능할 것 같다.

2022. 07. 17

중학교 2학년 2학기 국어 교과서 어휘 테스트 1

~~20/100~~
11/100

이름: _▇▇▇_ _____

점수: ____ / 20

1. 관망하다: 야망 한발 물러서서 어떤 일이 되어가는 형편을 바라보다.

2. 게걸거리다: 걸 허 써걸허기걸 살스러운 많소 소리를 지그며 불평스럽게 떠들다.

3. 버르적거리다: 시간닥그고 고통스러운 일이나 어려운 고비에서 벗어나려고 팔다리를 내저으며 온몸을 자꾸 움직이다.

4. 맡: 맡덩, 가까움 어떤 일을 하는 바로 그 순간

5. 원원이: 영원, 평생 (어떤 사물이 전에 내려온) 그 처음부터

△6. 슝덩슝덩: 슝덩슝덩거리다 (무급) 연한 물건을 고루 굵직하고 거칠게 자주 베어 써는 모양.

7. 사품: 급 일이 진행되는 바람이나 겨를.

8. 어름어름하다: 기억날 거 말락 말이나 행동을 똑똑하게 분명히 하지 못하고 자꾸 우믈쭈물 하다.

9. 생때같다: 생때녹 야녀 아무탈 없이 멀쩡하다.

10. 허장성세(虛張聲勢): 실속은 없으면서 큰소리를 치거나 허세를 부림.

11. 추기: 먹히 송장이 썩어서 흐르는 물.

12. 주야장천: 아침부터 방까지 쉬지않고 연달아

13. 시진한: 기간이 *다되어* 없어자다.

14. 저작: 저작자, *많은사람 이구나* 예술이나 학문에 관한 책이나 작품을 만듦.

15. 취향: 내가 좋아하는것 *하고 싶은 마음이 생기는 방향. 또는 그런경향.*

16. 글쇠: 타자기나 컴퓨터 따위의 자판 *또는 자판을 이루는 하나하나의 건반*

17. 옥탑방: *옥*위에 있는 방 *건물옥상에 사람이 거주하게 만든방*

18. 난입하다: 끼어들다 *어지럽게 갑자기 예기치않게 뛰어듦*

19. 술지게미: *늦지끼끼 가로 마른 꽃* 음식

20. 노적: *다량*적 *곡식 등을 한데에 수북이 쌓는다. 또는 그런물건.*

▶ **교사 코멘트**

읽고 있는 교과서 내에서 어휘 문제를 냈는데 20문제 중에 2개 맞힘. 극단적 어휘 부족 상태. 특이하게도, 이 학생은 자기가 모른다는 사실을 잘 모르는 듯. 예를 들어 '게걸거리다'의 뜻을 '걸리적거리다'로 적는 식인데, 난독의 대표적인 증상임.

일단 어휘력을 보완하는 일이 시급해 보임. 단어 설명부를 사용해 단어와 주석 부분을 동시에 낭독하게 하는 식으로 어휘력을 집중적으로 훈련함. L5에서도 단어 설명부로 어휘를 낭독하면서 책 전체 1회독을 함.

이제는 지루하다, 집중력이 떨어진다, 어지럽다 등의 이야기가 사라짐. 좀 전에 문장을 읽다가 틀렸던 단어가 나오자 자연스럽게 주의를 기울이고 단어 설명 부분을 낭독하여 뜻을 정확히 인지함. 단어에 대한 이해도가 높아지고 몰입이 되면서 읽기 속도도 상승함.

　스스로 L5로 스피드를 올려 읽고 이것이 편하다고 기록함. 게임광답게 스피드를 알아서 찾아 재미 요소로 삼고 있음. L6까지 올라가려고 하는 것을 오히려 못 하게 말릴 정도.

📅 제4일 차

▶ 학생 소감 일지

7/22　L5에서 2독+1독　　내일 단어시험을 못다해서 보다더 단어를자세히 읽어봤다. 낭×3독
　　　 렬이 사용.　　　 더 커싸니서서 란 여의 뜻들 더깊게 알게되 없기 번질로왕더니써삐
　　　 without관심이　　　 다 예상이 된다

내일 단어 시험을 본다고 해서 단어를 더 자세히 읽어봤다. 덜컥이(단어 설명부 낭독)를 해서 단어의 뜻을 더 깊게 알게 됐고, 세 번 정도 읽으니 내용이 다 예상이 된다.

▶ 교사 코멘트

본문과 함께 단어의 뜻을 큰 소리로 낭독하면서 2시간 동안 교과서 전체를 두 번 완독함. 이후 시간이 남아 단어 설명부 없이 본문만 전체 한 번 완독함. 그렇게 총 2시간 동안 교과서를 3회 완독함.

　학생의 소감문에 처음으로 '깊게'라는 말이 등장했다는 점에 주목하자. 뭔가 읽는 학생들이 글 속에 들어 있는 맛을 느낄 때 종종 사용하는 말이기 때문이다. 이 말에 이어 단어에 주석이 떨어

지는 위치를 대충 알겠다는 말을 '내용이 다 예상이 된다'라고 표현했다. 전체 내용을 파악하고 있다는 증거다. 본문 내용을 알게 되고 거듭 읽어나가면서 책 자체에 익숙해져 가고 있다. 결과적으로 학생의 문해력이 급격히 늘고 있다는 증거로 봐도 좋다.

📆 제5일 차

7/23 *내 단어부 뜻을 낭독하면서 읽기. 비례진멘셀사용.* *L6 3줄때 집중이 더 잘된다* *L5가 느리다는 생각이 들었다 내려옴* *어제와 같이 예상되고 L6 도 편안하다*

▶ 학생 소감 일지

L5가 느리다는 생각이 들었다. L6으로 해도 괜찮다는 생각이 들었다. L6으로 할 때 집중이 더 잘된다. 어제와 같이 예상이 되고, L6도 편안하다.

▶ 교사 코멘트

5분 휴식 시간에 책상에 엎드려 완전히 쉬게 했더니 학생의 만족도가 높아지고, 시작 이후에 집중하면서 L6으로 스스로 올려 읽음. 특이하게도, 2시간 중 1시간 30분이나 지났는데 오히려 더 집중하고 잡스러운 동작이 완전히 사라짐.

📆 제6일 차

▶ 학생 소감 일지

7/29 *30분지각 브레인셀로 "순환읽기" 시작. L5-L6 3독* *멀게서가 어디 선나올지 예상이 되고 L6은 딱맞고 L7은 약간 바빴다.*

덜컥이가 어디서 나올지 예상이 되고 L6은 딱 맞고 L7은 약간 빨랐다.

▶ 교사 코멘트

순간암기를 시작함. 스피드는 따로 지도하지 않았는데도 본인 스스로 L5부터 시작해서 30분 후 L6으로 가서 1시간이 지나자 L7(약 1초에 7단어)로 가는 등 놀라운 속도를 보임. 마치 게임하듯 글을 빨리 읽는 재미를 느끼고 있음.

　1시간 40분 만에 순간암기를 하면서도 3회독을 완료함(주목할 점은 평소 공부에 익숙한 학생이 아니라는 것). '깊다', '예상이 된다' 같은 말은 본인으로서는 심화학습이 됐다는 표현임.

📅 제7일 차

▶ 학생 소감 일지

`7/30` `4분위립을` `김소월 식 감후일암기` `나8가 크리슈 준안암기.` `책 전체 내용의 흐름을 다 앎 먼후일을 반정도 외운것 같다. L6 과 L7을 번갈아가면 서 하는데 그 단어들은 자세히는 아니지만 어떤 뜻인지는 알것아`

책 전체 내용의 흐름을 다 알고 '먼 후일'을 반 정도 외운 것 같다. L6과 L7을 번갈아 가면서 하는 중이고 단어들은 자세히는 아니지만 어떤 뜻인지는 알겠다.

▶ 교사 코멘트

교과서 내에 있는 김소월의 시를 한번 외워보게 함. 이제야 자신이 아는 것과 모르는 것 그리고 아는 정도가 비교적 또렷하게 느껴지는 단계에 들어섰음. 읽으면서 의미 파악은 되지만 주관식으로 쓰라면 아직 자신이 없는 정도.

어릴수록 이렇게 시를 암송하면 강렬한 기억으로 남는다. 시는 은유와 직유라는 비유의 문학이기 때문에 시를 외우고 그 뜻을 기리는 작업은 문해력 증진에 엄청난 자극 요소가 된다.

📅 제8일 차

▶ 학생 소감 일지

> 7 /3) ㄴ7 2학등
> 2차기취test 75/100
> 내 3번등에 나쁘지 않고 시험 봤 을때 아는게 많았었
> 75점을 맞아서 기분이좋다.

L7로 했을 때 나쁘지 않고 시험 봤을 때 아는 게 많았다. 75점을 맞아서 기분이 좋다.

▶ 교사 코멘트

처음과는 비교할 수 없는 수준에 올랐음을 알 수 있음. '시험 봤을 때 아는 게 많았다.' 시험 본 다음 이 말을 한 건 이번이 처음. 학생의 태도나 소감문에서 약간의 여유가 느껴짐. 그리고 학생의 인성도 변한 것처럼 느껴짐.

스피드는 이미 L7까지 편하게 넘나들고 있음. 집중하면 정속독의 경지이나 아직 덤벙대는 부분이 남아 있고, 마무리 부분에서 흐려지는 것이 어휘 테스트의 답안 작성에서 드러남.

📅 제9일 차

▶ 학생 소감 일지

8/1 L7 3주 3차기출4회 때 다 완전히 적응이 됐고 단어를 다 아는 것 같다.
3차 어휘 test 95/100

L7이 완전히 적응됐고, 단어를 다 아는 것 같다.

▶ 어휘 테스트

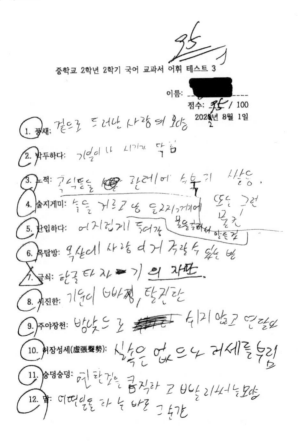

중학교 2학년 2학기 국어 교과서 어휘 테스트 3

이름: ▇▇▇▇

점수: 95 / 100
2020년 8월 1일

1. 편재: 겉으로 드러난 사랑의 모양
2. 박두하다: 기일이 나 시기가 닥침
3. 노적: 곡식들을 한데에 수북이 쌓음.
4. 술지게미: 술을 거르고 남은 찌꺼기에 또 그런 물을 걸러서 만든 것 물컹
5. 판입하다: 어지럽게 들어감
6. 옥탑방: 옥상에 사람 여거 주락수 있는 방
7. 글쇠: 한글 타자기 의 자판.
8. 지진한: 기운이 빠짐, 탈진한
9. 주야장천: 밤낮으로 ~~쉬지~~ 쉬지 않고 연달아
10. 허장성세(虛張聲勢): 실속은 없으나 허세를 부림
11. 승명승명: 어떤 것을 큼직하 고 빼낼 리써는 모양
12. 딱: 어떤일을 하는 바로 그 순간

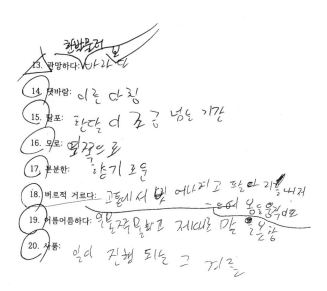

▶ 교사 코멘트

글을 읽는 데 자신감이 생김. L5로 낮추고 단어 설명부를 없앤 다음, 2회독 실시. 시선추적 결과 시선 이동이 간결하고 한눈에 두세 단어를 빠르게 읽어내리는 시원한 궤적을 보임.

📅 **제10일 차**

▶ 학생 소감 일지

예전엔 집중력이 없고 책을 느리게 읽었는데 지금은 그 반대가 된 것 같다. 그래서 읽기가 편해졌고, 집중력과 침착함도 가졌고, 단어가 95점이 나오니 성공적이라 생각한다.

▶ 교사 코멘트
'집중력이 달려서 어지럽다'라는 소감을 썼던 1일 차와는 비교할 수 없는 속도로 책을 읽고 있음. 집중력도 많이 향상됨.

집중력은 오히려 글을 빠르게 읽을 때 생긴다. 이해를 못 해서 느리게 읽는 것인데, 느리게 읽으면서 어떻게 집중하고 몰입할 수 있겠는가.

어휘가 먼저다. 어휘가 채워지면 문장이 들어오고, 문장들이 모여 장이 되고 책이 된다. 책을 꾸미는 사람(저술가) 중에 처음과 중간과 끝을 생각하지 않고 무턱대고 쓰는 사람은 없다. 하물며 교과서는 말해 무엇하겠는가.

따라서 교과서는 반드시 여러 번 읽어야 제대로 이해할 수 있는데, 책장을 넘기며 읽는 방법으로는 이렇게 열 번 이상 읽는 것이 불가능에 가깝다. 만일 이 학생에게 강압적으로 책을 읽게 했다면 학원 간다고 해놓고 반드시 중간에 도망가 수업을 빼먹었을 것이다. 소감문에 스스로 평가하기를 성공적이라고 한 것은 점수 때문만이 아니다.

나중에 들은 이야기인데, 이 학생을 오래 지도해온 학원 원장님이 최근 이 학생의 태도가 많이 침착해지고 의젓해져서 모두 깜짝 놀라고 있다는 것이다. 이 모두가 사실은 독서(정속독)의 효과다. 교과서를 말 그대로 충실하게 10회 이상 깊이 파고들며 읽어낸 결과로 생긴 일이다.

인성은 물론 학습력도 발전하여 주어진 지문을 전보다는 찬찬히 빨리 읽어낼 수 있는 능력을 갖췄다. 이런 학생에게는 고전 읽기를 강력히 권한다.

난독 치료 전후 시선추적 결과 비교(시간제한 50초)

▶ 시선추적 결과(독서지도학습 이전) ◀

▶ 시선추적 결과(독서지도학습 이후) ◀

처음에는 30초까지 전체를 훑고 나머지 시간에는 오른쪽 아래로 몰렸으나, 지도 후에는 36초 만에 전체를 고르게 읽었다.

중학생을 위한 추천 도서

● **한국 단편소설 40** | 김동인 외 | 리베르

● **키다리 아저씨** | 진 웹스터 | 은하수

● **먼나라 이웃나라** | 이원복 | 김영사

● **죽은 시인의 사회** | 클라인바움 | 서교출판사

● **삼국지** | 나관중 지음, 이문열 엮음 | 알에이치 코리아

● **그리스 로마 신화** | 이윤기 엮음 | 웅진지식하우스

● **동물농장** | 조지 오웰 | 문예출판사

● **한 권으로 읽는 셰익스피어: 4대 비극 + 5대 희극** | 윌리엄 셰익스피어 | 셰익스피어 연구회

● **1984** | 조지 오웰 | 민음사

● **조선왕조실록1: 태조 - 세종** | 이성무 엮음 | 살림

● **난중일기** | 김문정 엮음 | 더클래식

● **돌턴이 들려주는 원자 이야기** | 최미화 | 자음과모음

● **전기와 자기 밀고 당기기** | 한국물리학회 | 동아엠앤비

● **태양계와 지구** | 과학동아 편집부 | 과학동아북스

● **엥겔만이 들려주는 광합성 이야기** | 이흥우 | 자음과모음

● **만화로 보는 맨큐의 경제학** | 맨큐 원저 | 이러닝코리아

● **노인과 바다** | 어니스트 헤밍웨이 | 민음사

● **반지의 제왕** | J R R 톨킨 원저, 김보원, 김번, 이미애 역 | 아르테

● **모모** | 미카엘 엔데 | 비룡소

● **끝없는 이야기** | 미카엘 엔데 | 비룡소

영·수는 1등급인데 국어만 4등급이던 고1 학생의 난독 탈출기

일지를 통해 되돌아보는 난독 탈출 과정

영어와 수학은 1~2등급이었으나 국어만 4등급에서 더 올리지 못해 고민이 많던 김○○ 학생. 5일 총 10회차 만에 놀라운 변화를 경험했다.

📅 **제1일 1회차**

▶ 학생 소감 일지

7 / 26

(손글씨 메모)

사실 평소에도 내가 어휘가 약하다는 것을 알긴 했지만, 직접 이렇게 시험을 보니까 앞으로는 모르는 단어가 나오면 무조건 찾아보고 공부해야겠다는 생각이 든다. 처음에는 L1로 읽다가 L2로 바꾸었는데 점차 적응이 되어서 L3까지 올려 읽어봤다. L3은 약간 빠르기는 했지만 적절히 지루하지 않게 읽을 수 있는 정도여서 좋았다. 읽기 속도를 조절해 큰 소리로 단어를 말하며 읽으니까 확실히 도움이 된 것 같다.

▶ 어휘 테스트

고등학교 1학년 2학기 독서 교과서 어휘 테스트 1

이름: _____

점수: 20 / 100

1. 통례:

2. 방증:

3. 탕건:

4. 와잠:

5. 동정: 누군가는 기업이 어떠서 불충의 어거는 것.

6. 참조: 참가해서 읽는 것.

7. 숙고: 고민라고

8. 제정: 법률 같은 것을 만들어서 변경하는 것

9. 의례: 행사, 쇼.

10. 방사형:

11. 접목: 적용라는 것

12. 대두되다:

13. 종요롭다:

14. 행장:

15. 유린하다: 찌어 내려 원하는 방향으로 유도시키는 것.

16. 표방하다: 다른 사람의 것을 따라해서 표현하다

17. 윤색하다:

18. 강권하다:

19. 안료: 재료?

20. 확증 편향: 자신이 관심있는 것만 편광되는 현상.

▶ 교사 코멘트

이 학생은 '지루함'이라는 단어를 사용하면서 본인의 학습 소감을 피력함. 학습

효과의 핵심인 몰입과 관련된 단어인데 상당히 성숙하게 소감을 표현했음. 낭

독을 거부하지 않는 것을 보니 난독은 확실히 아님.

📅 제1일 2회차

▶ 학생 소감 일지

7 / 26   2회 완독
          Lv3

처음 완독했을 때는 사실 시간이 조금 걸리기도 하고 약간 지루했었다. 두 번

째 완독했을 때는 내용이 더 잘 들어왔고, 확실히 읽히는 속도가 빨라짐을 느낄

수 있었다.

▶ 교사 코멘트

다시 한번 '지루함'을 기준으로 학습 소감을 표현함. 앞으로 이 학생의 소감에서 지루함이라는 단어가 사라지게 하는 것이 관건으로 보임.

책을 한 번 읽는 것은 지루한 일이지만 두 번 읽었을 때는 비로소 내용이 눈에 들어오기 시작하면서 읽는 속도가 빨라진다는 점에 주목하자. 점점 빠르게 여러 번 읽는 것은 전혀 지루함이 없다는 것이다. 단어에 익숙해졌기 때문에 내용을 더 쉽게 이해하게 되고, 결과적으로 책 읽는 속도가 빨라진다.

📅 제2일 1회차

▶ 학생 소감 일지

저번 시간에 1, 2회독을 했을 때는 전체적 흐름이 무엇이고, 무엇을 얘기하는 것인지를 간략하게 파악하는 것을 중점으로 읽었고, 이번 3회독을 할 때는 조금 더 내용에 집중해서 읽었다. L3으로 읽다가 L4로도 읽을 수 있을 것 같아 올렸는데 조금 쉬운 내용의 지문은 L4가 맞았지만, 아직 어려운 지문은 조금 빨라서 다시 L3으로 내려 읽었는데 내용 이해를 더 잘할 수 있었다.

자신에게 이 읽기 속도가 맞는지 무리인지를 내용의 이해도를 기준으로 판단함. 세 번째 완독을 했는데 이제 지루함이라는 말이 사라지고 없으며, 회차를 거듭할수록 처음과는 달리 여러 가지 느껴지는 부분이 많다는 것을 무의식적으로 표현하고 있음.

📅 제2일 2회차

▶ 학생 소감 일지

7/27   4회완독
        L4 중간고사.

한 단어씩 나오기 때문에 문장을 읽을 때까지 끝까지 읽는 습관을 기를 수 있었고, 정독이 무엇인지 깨달을 수 있었다. 읽을 때 이해가 잘된 부분은 많이 맞혔지만 아무래도 고전소설(?) 같은 부분은 많이 틀렸다. 다음에 읽을 때는 이 부분에 더 힘을 두고 읽어야겠고, 그래도 단지 몇 번 읽은 것 같은데 문제를 맞히니 신기했다.

▶ 교사 코멘트

정독이 모든 단어에 눈을 마주쳐 읽는 것이라는 개념을 경험으로 알게 됨. 문제를 풀어보면서 정독의 효과를 경험하고 어느 부분을 더 깊이 있게 읽어야 하는지 배우는 중.

평소 책을 충분히 읽고 시험을 보는 것이 아니라 대충 읽고 바로 문제 풀이에 돌입하는 습관을 가진 학생들은 체득하기 힘든 경험을 이 학생은 하고 있다. 스타니슬라스 교수가 설파한 배움의 4단계(주의-호기심-놀라움-통합) 중에서 주의 단계를 넘어 호기심 단계와 놀라움 단계를 거의 동시에 겪고 있다. 이대로라면 이 학생은 이 프로그램에서 틀림없이 많은 것을 얻어 갈 것이다.

🗓 제3일 1회차

▶ 학생 소감 일지

7/28   5ᅦ록,
            L5

확실히 L5는 빠르긴 해서 따라 읽기가 조금 버거웠다. 이번에는 단어가 하나씩 나올 때마다 (순간) 암기해 진행했는데 전에는 그냥 읽고 지나가는 느낌이었다면 이번은 지나가는 단어를 내 머리에 붙잡아두는 느낌이어서 훨씬 단어 암기에 도움이 된 것 같다.

▶ 교사 코멘트

독서와 단어 암기를 동시에 진행한다는 측면에서 암기의 효율성을 경험하고 있음.

▶ 학생 소감 일지

7/28 *1회독 2회독* *L5* ^(handwritten notes)

레벨이 올라가니까 읽는 속도도 덜 오래 걸렸다. L5도 이제 익숙해져서 전보다 읽는 게 힘들지가 않아서 신기했다. 이렇게 여러 번 읽어도 아직 모르는 단어가 조금 있어서 아쉽고 더 열심히 읽어야겠다.

▶ 교사 코멘트

일곱 번 읽었음에도 이 학생이 첫째 날에 썼던 지루함이란 단어가 일지에서 완전히 사라졌음. L5에 잘 적응하고 있음.

읽는 속도가 빠르니 한 번 읽는 데 걸리는 시간이 단축됐음에도 모르는 단어에 대한 아쉬움을 느낀다는 건, 처음과는 비교할 수 없을 만큼 실력이 향상됐음을 증명한다.

책을 끝까지 읽는 것만이 목표인 사람들은 모르는 단어에 신경 쓸 겨를이 없다. 일반적으로 한두 번 읽어서는 모르는 단어가 어디에서 나왔는지도 모르고 그냥 넘어가 버린다. 그런데 이 학생은 완독했다는 안도감보다는 모르는 단어에 대한 아쉬움을 표현했다. 이는 완독에 대한 부담이 완전히 사라졌다는 의미다. 또한 이 학생은 현재 자신에게 일어나고 있는 상황을 정확하게 판단하는 메타인지를 경험하고 있다.

📅 제4일 1회차

▶ 학생 소감 일지

[handwritten notes]

도치중첩법●으로 읽으니 중간 문단의 내용이 조금 더 기억에 잘 남았다. 또 어절덜컥이●●로 읽어 중요 부분의 내용 이해에는 도움이 됐으나 줄이 쳐져 있지 않은 부분에는 신경을 덜 쓰게 되어 대충 넘어가는 경우가 많았던 것 같다.

▶ 교사 코멘트

책의 중간 부분 등 일반적으로 처음보다 주의가 덜 집중되는 부분에 대한 기억에 도치중첩법이 도움이 됐다고 소감을 밝힘.

7회독 후, 특정 중요 어절의 해설을 익혀나가는 과정이다. 지금까지는 하이라이트에 집중했다면, 다음 회차에서는 이를 제외한 부분에 더 집중해서 읽으면 된다. 하이라이트는 주의를 집중시키는 역할도 하지만, 하이라이트가 쳐져 있지 않은 부분에 주의를

● 책의 전체 내용을 좀 더 완벽하게 파악하기 위해 책을 전반부와 후반부로 나눠서 읽는 방법. 전반부에서 후반부로 순방향으로 1독했다면, 다음은 후반부에서 전반부로 1독하고, 그다음은 전반부에서 후반부로 읽어 내려간다.
●● 단어 설명부에서 확장된 주석 개념으로, 문장에 대한 개념 이해를 돕는 주석 부분. 일종의 자습서 필기.

집중시키는 역할도 한다.

📅 제4일 2회차

▶ 학생 소감 일지

도치중첩법으로 계속해서 읽다 보니 순서대로 그냥 읽는 것보다 내용이 기억이 잘 됐고 전에 시선을 추적했던 것과 비교했을 때 속도는 더 빨라졌는데 내용은 더 머릿속에 잘 들어온 것 같다.

▶ 교사 코멘트

도치중첩법의 효과에 확실히 반응하고 있음. 이날 시선추적기를 사용해 이전과 비교해봤는데 불과 며칠 전과 판이한 결과를 보임.

📅 제5일 1회차

▶ 학생 소감 일지

이 프로그램을 신청하게 된 이유가 국어의 비문학 지문에서 독해를 더 빨리 그리고 꼼꼼하게 읽는 습관을 가지고 싶어서였는데 이 점이 도움이 됐고, 글을 중간중간 건너뛰거나 대충 읽고 넘어가는 습관을 고칠 수 있게 됐다.

이 학생이 본 프로그램을 신청한 이유를 이제야 제대로 알았다. 나중에 들은 얘긴데, 전교 15등 안에 드는 우수한 학생인데 국어 성적만 4등급이었다고 한다. 이 소감문을 보면 학생 자신도 문제가 무엇인지를 알고 있는 것 같다.

소감문에 쓴 것처럼 국어 비문학 지문을 빠르고 꼼꼼하게 읽는 습관에 도움이 됐고, 글을 중간중간 뛰어넘거나 대충 읽고 넘어가는 습관을 고칠 수 있게 됐다는 사실만으로도 이 학생에게 이 프로그램은 대성공이었다.

📅 제5일 2회차

▶ 학생 소감 일지

단계를 하나씩 올리며 읽다 보니 처음에는 빠르게만 느껴졌던 속도도 후에는 적응이 되고, 오히려 느리다고까지 느껴지는 것이 신기했다. L1부터 시작해서 L6, L7까지 올린 것이 신기하고 하루 동안 L5부터 L7까지 빨라졌다. 아직 이 프로그램 없이 새 지문을 읽고 문제를 풀어본 경험은 없지만 분명 다음에 다른 지문을 읽을 때 훨씬 성장했다는 것을 느낄 수 있을 것 같다.

75

●고등학교 1학년 2학기 독서 교과서 어휘 테스트

이름: ●_____

점수: 75 / 100

1. 품재:

2. 차지농: 은을 내고 도거 소작자에게 땅을 넘겨 농민은 경영

3. 미사여구: 아름다운 말로 만들어쓴 군기

4. 속설: 전해저 내려오는 신

5. 일산(日傘): 햇 볓을 가리는 큰 양산

6. 반열: 지위 · 등급의 차례

7. 간웅(奸雄):

8. 기롱하다: 수 없는 말로 괜 크다

9. 참람하다:

10. 바늘 한 쌈의 개수: 24개

11. 주렴:

12. 함의: 말 속에 어떤 의미가 도람되며 있는 것을 배교.23 이르는 말.

13. 출범하다 : 어떤 단체를 조직해 와서 시작.

14. 범람하다 : 쓸데없는 것 (난 것) 들이 너쳐 돌아다니는 것.

15. 국지적 : 어떤 지역에만 한정된

16. 오보 : 내용을 그릇되게 전함.

17. 진원지 : 어떤 일이 시작되는 원인의 장소를 비유적으로 이르는 일

18. 척도 : 길이의 표준

19. 삼삼하다 : 눈에 뚜렷이 보이는 것

20. 시원(始原) : 처음

1시간만 더 있었으면 L6을 안정시킬 수 있었다는 아쉬움이 있음. 학생은 이 부분에 긍정적인 소감을 밝힘.

난독 치료 전후 시선추적 결과 비교(시간제한 50초)

▶ 시선추적 결과(독서지도학습 이전) ◀

▶ 시선추적 결과(독서지도학습 이후) ◀

처음에는 50초 안에 해당 분량을 다 읽지 못했으나, 지도 후에는 36초 만에 완독할 만큼 속도가 빨라졌다. 더불어 밤톨 현상도 많이 사라졌다.

고등학생을 위한 추천 도서

- 사피엔스 | 유발 하라리 | 김영사

- 호모 데우스 | 유발 하라리 | 김영사

- 이기적 유전자 | 리처드 도킨스 | 을유문화사

- 커넥톰, 뇌의 지도 | 승현준 | 김영사

- 양자론이 뭐야? | 사토 가츠히코 | 비타민북

- 초협력자 | 마틴 노왁, 로저 하이필드 원작 허준석 옮김 | 사이언스북스

- 이성적 낙관주의자 | 매트 리들리 | 김영사

- 고우영 십팔사략 | 고우영 글그림 | 문학동네

- 국부론 | 애덤 스미스 | 동서문화사

- 사기 열전 | 사마천 | 민음사

- 에밀 | 장 자크 루소 | 한길사

- 자유론 | 존 스튜어트 밀 | 책세상

- 토지 | 박경리 | 마로니에북스

- 백석의 맛 | 소래섭 | 프로네시스

- 반지의 제왕 | J. R. R. 톨킨 | 아르테

변화를 확인하고,
변화할 수 있음을
확신할 수 있었던 시간

———●●●●———

이 책을 쓰기로 결심한 직후, 우연을 가장한 필연처럼 초등학교·중학교·고등학교에서 대표적인 유형의 난독 학생들을 부친과 함께 지도하는 시간을 가지게 되었다. 학생들은 각각 20시간 동안 난독 개선 훈련을 했는데, 그들이 변하는 모습을 실시간으로 지켜봤다. 처음에는 재미없고 힘들다며 도망갈 궁리만 하던 거북이와 토끼는 어느새 쾌활한 거북이와 의젓한 토끼가 됐고, 국어 과목을 힘들어하던 고등학생은 한껏 자신감을 갖게 됐다. 마치 모든 재료가 어우러져 하나의 완제품을 생산하는 공정 시스템처럼, 배움의 네 단계를 통해 모두에게 동일한 과정으로 지식 욕구를 충분히 채워줄 수 있는 효율적인 방법과 기술이 사람을 단기간에 어떻게 변화시키는지 확신할 수 있었다.

전작 《메타쉐도잉》을 집필하면서 언어 습득에 관한 뇌과학 분야의 서적을 참고했는데, 그 경험이 이번 책을 쓸 때 문자 인식과 독서를 통해 뇌가 배워나가는 과정을 연구한 다양한 논문을 찾는 데 도움이 되었다. 그리고 이 책을 아버지와 공동으로 집필하는 과정은 난독과 문해력이라는 테마를 집중적으로 연구할 수 있었던, 뇌과학도로서 나에게는 황금 같은 시간이었다.

이 책을 집필하면서 그동안 희미하게 가지고 있었던, 교육에 대한 근본적인 의문의 정체를 깨닫게 됐다. 단순히 시험 성적을 높이기 위한 공부 방법에서 벗어나 좀 더 핵심적인 질문을 파고들수 있었는데, 그것이 바로 문해력이었다. 문해력은 '글을 읽고 이해하여 활용할 수 있는 능력'이라고 정의할 수 있다. 즉, 인간이 진리에 접근하는 가장 기본적인 능력이다. 문해력은 배움의 결과이며, 난독은 배움을 방해하는 원인이다. 따라서 난독을 해결하지 않으면 인류의 발전은 더뎌질 수밖에 없다.

문해력의 정점인 스토리텔링 능력(배운 지식을 말과 글을 통해 표현하는 능력)을 활용하여 인간 주도적 4차 산업의 문화를 꽃피울지, 아니면 인공지능과 빅데이터에 끌려다니는 디스토피아로 향할지가 결정되는 갈림길에서 우리의 교육은 어떤 선택을 해야 할까? 이 시대에 우리가 갖춰야 할 덕목은 인공지능을 문해력의 정점, 매번 새롭고 창의적인 스토리텔링으로 관리하고 이끄는 능력이다.

어렵지만 기술적 측면과 철학적 측면을 고루 갖추어야 할 것이다. 그러려면 가장 먼저 '난독'이라는 문제를 해결해야 한다. 그리고 지금까지 차근차근 설명해왔듯이, 우리에겐 분명히 해법이 있다.

뇌과학도로서 지식의 단순 요약이나 보고서 같은 방식의 재미없는 책을 쓰지 않겠다고 마음먹고 시작했다. 하지만 인지신경과학 교수들의 일반적인 특징인 불친절한 서술 방식을 일반인이 이해할 수 있는 문장으로 바꾸는 건 마치 지렁이가 거친 흙을 먹고 부드러운 흙을 토해내듯, 문헌들을 찾아 읽는 것보다 더 힘든 과정이었다. 그럼에도 딱딱하고 재미없을 수 있는 이 책을 끝까지 읽어주신 독자분들께 정말 수고하셨다는 말씀을 전하고 싶다. 마음 깊이 감사드린다.

2022년 10월

박세호

본문에 언급한 자료 외의 도서, 논문, 기사, PDF, 웹 주소 등을 페이지별로 정리하였다.

1장   문해력이 붕괴하고 있다

p. 22   트위터 원본 게시글: https://twitter.com/mofun_collabo2/status/1560954643525447680

p. 24   지구력과 달력: https://bbs.ruliweb.com/community/board/300143/read/55305345?best_tab=replycount&page=447&view=gallery&custom_list=best

p. 24   금일과 금요일: https://www.insight.co.kr/news/337118

p. 31   조금씩 다른 문해력의 정의

(1) "개인의 목적을 성취하기 위해 글을 비판적으로 읽고 창의적으로 생산할 수 있는 능력", 문해력의 개념과 국내외 연구 경향, 윤준채, 대구교육대학교 교수

(2) "particular ways of thinking about and doing reading and writing", Street, Brian (2001). "Introduction". Literacy and Development: Ethnographic Perspectives. London: Routledge. p. 11.

(3) National Research Council 2012, "Improving Adult Literacy Instruction: Developing Reading and Writing", Washington DC: The National Academies Press. https://doi.org/10.17226/13468

p. 33   수평적 개념의 문해력 예시

(1) https://www.kci.go.kr/kciportal/ci/sereArticleSearch/ciSereArtiView.kci?sereArticleSearchBean.artiId=ART002819776

(2) 디지털 문해력, https://www.hani.co.kr/arti/science/future/995403.html

(3) 시각적 문해력(미술 문해력), https://www.kci.go.kr/kciportal/ci/sereArticleSearch/ciSereArtiView.kci?sereArticleSearchBean.artiId=ART001740399

(4) 수학 문해력, https://book.interpark.com/product/BookDisplay.do?_method=detail&sc.saNo=001&sc.prdNo=354380156&saNo=008002001&bid1=NMB_PRD&bid2=bSelect&bid3=book_together&product2020=true

p. 42   전미연구평의회, 성인 문해력 발달 지도 보고서(독해와 작문): https://nap.nationalacademies.org/catalog/13468/improving-adult-literacy-instruction-developing-reading-and-writing

p. 52   구글의 유튜브 인수: https://www.hani.co.kr/arti/international/globaleconomy/163105.html

p. 53   애플의 아이폰 출시: https://en.wikipedia.org/wiki/IPhone_(1st_generation)

p. 53   스티브 잡스 아이폰 1세대 출시 프레젠테이션 영상: https://www.youtube.com/watch?v=
MnrJzXM7a6o

p. 54   2007년 페이스북 모바일 페이지 출시: https://techcrunch.com/2007/01/10/facebook-goes-
mobile/

p. 54   2007년 페이스북 개발자 플랫폼 출시: https://techcrunch.com/2007/05/24/facebook-
launches-facebook-platform-they-are-the-anti-myspace/

p. 54   2007년 아마존 킨들 전자책 단말기 출시: https://en.wikipedia.org/wiki/Amazon_Kindle

p. 55   2008년 옴니아 출시 관련 기사: https://www.mk.co.kr/news/business/view/2008/11/
718336/

p. 55   2009년 3월 아이폰 전용 아마존 킨들 앱 출시: https://app.sensortower.com/overview/
302584613?country=us

p. 55   2009년 11월 아이폰 3G 국내 상륙: https://www.yna.co.kr/view/AKR20091117157700017

p. 55   2010년 삼성 갤럭시S 출시: https://ko.wikipedia.org/wiki/%EC%82%BC%EC%84%B1_%EA
%B0%A4%EB%9F%AD%EC%8B%9C_S

p. 55   2010년 3월 카카오톡 출시: https://www.kakaocorp.com/page/detail/342

p. 55   2010년 12월 인스타그램 출시: https://en.wikipedia.org/wiki/Instagram

p. 56   애니팡 출시: https://ko.wikipedia.org/wiki/%EC%95%A0%EB%8B%88%ED%8C%A1

p. 58   2004년 제프 베조스 아마존 창립자의 각오: https://www.theverge.com/2014/12/17/
7396525/amazon-kindle-design-lab-audible-hachette

p. 58   아마존 킨들 판매량 관련 기사: https://www.techtarget.com/searchaws/feature/Amazons-
impact-on-publishing-transforms-the-book-industry

p. 59   미국 내 전자책 판매량 변화: https://www.statista.com/statistics/426799/e-book-unit-sales-
usa/

p. 60   제임스 던트 아마존 관련 인터뷰: https://www.publishersweekly.com/pw/by-topic/industry-
news/bookselling/article/88694-barnes-noble-s-solid-2021.html

p. 60   반스앤노블 매출 변화: https://companiesmarketcap.com/barnes-noble-education/revenue/

p. 61   반스앤노블 인수 관련 반스앤노블 입장문: https://www.barnesandnobleinc.com/press-
release/barnes-noble-acquired-elliott-owner-waterstones-bringing-together-leading-
booksellers-us-uk/

p. 61   유튜브 키즈 출시: https://en.wikipedia.org/wiki/YouTube_Kids

p. 66   한국지능정보사회진흥원 & 과학기술정보통신부, 2020년 스마트폰 과의존 실태 조사:

https://www.msit.go.kr/bbs/view.do?sCode=user&bbsSeqNo=79&nttSeqNo=3173383

p. 76 EBS <당신의 문해력+>, 가정통신문을 제대로 이해하지 못하는 요즘 학부모들: https://www.youtube.com/watch?v=-hrnRZwTtxA

p. 84 김성구 교수, 신경생리학을 기반으로 한 난독증의 최신 발견: Recent update on reading disability (dyslexia) focused on neurobiology. (2021). Clinical and Experimental Pediatrics, 64(10), 497-503, https://doi.org/10.3345/cep.2020.01543

3장 우리 뇌의 메커니즘과 난독의 진단

pp. 112~113 도파민의 일반적 특징

(1) Kandel, E., Koester, J. D., Mack, S. H., & Siegelbaum, S. (2021). Principles of Neural Science, Sixth Edition (6th ed.). McGraw Hill / Medical.

(2) Watson, N., V., & Breedlove, M. S. (2018). The Mind's Machine: Foundations of Brain and Behavior (3rd ed.). Sinauer Associates is an imprint of Oxford University Press.

p. 116 배움의 네 가지 기둥: 스타니슬라스 드앤 지음, 엄성수 옮김, 《우리의 뇌는 어떻게 배우는가》, 로크미디어, 2021.

p. 138 매리언 울프 UCLA 교육정보대학원 원장의 '하루 10만 단어': 매리언 울프 지음, 전병근 옮김, 《다시, 책으로》, 어크로스, 2019.

pp. 141~143 시선추적 기술의 역사: https://medium.com/@eyesee/eye-tracking-through-history-b2e5c7029443

p. 142 가이 토머스 버즈웰의 비접촉 광선식 시선추적 기술: https://de.wikipedia.org/wiki/Guy_Thomas_Buswell

4장 난독은 고칠 수 있다

p. 186 덜컥이와 메타쉐도잉: 박세호 지음, 《메타쉐도잉》, 다산북스, 2021, 6장 실전 편.

p. 196 조선 시대 유생들의 '글 읽는 소리': http://contents.history.go.kr/mobile/km/view.do?levelId=km_002_0040_0030_0080

p. 196 중세 유럽의 낭독: https://www.kci.go.kr/kciportal/ci/sereArticleSearch/ciSereArtiView.kci?sereArticleSearchBean.artiId=ART001834775

난독의 시대

문해력 붕괴 어떻게 해야 할 것인가?

초판 1쇄 인쇄 2022년 12월 12일
초판 2쇄 발행 2023년 1월 9일

지은이 박세당, 박세호
펴낸이 김선식

경영총괄 김은영
책임편집 김재민 **디자인** 마가림 **책임마케터** 박태준
다산스마트에듀팀장 김재민 **다산스마트에듀팀** 조아리, 박은우, 차다운
저작권팀 한승원, 김재원, 이슬
마케팅본부장 권장규 **마케팅4팀** 박태준, 문서희
미디어홍보본부장 정명찬 **홍보팀** 안지혜, 오수미, 송현석
뉴미디어팀 김민정, 홍수경, 서가을 **디자인파트** 김은지, 이소영
재무관리팀 하미선, 윤이경, 김재경, 안혜선, 이보람
인사총무팀 강미숙, 김혜진, 박예찬, 황종원
제작관리팀 박상민, 최완규, 이지우, 김소영, 김진경, 양지환
물류관리팀 김형기, 김선진, 한유현, 민주홍, 전태환, 전태연, 양문현
외부 스태프 윤문·교정·교열 공순례 **디자인** 김영남

펴낸곳 다산북스 **출판등록** 2005년 12월 23일 제313-2005-00277호.
주소 경기도 파주시 회동길 490
전화 02-704-1724 **팩스** 02-703-2219 **이메일** dasanbooks@dasanbooks.com
홈페이지 www.dasanbooks.com **블로그** blog.naver.com/dasan_books
다산스마트에듀 www.dasansmartedu.com
종이 한솔피엔에스 **인쇄·제본** 한영문화사 **코팅·후가공** 평창피엔지

ISBN 979-11-306-9531-0 (03370)